こんなに違う
# 京都人と大阪人と神戸人

丹波 元

PHP文庫

○本表紙図柄＝ロゼッタ・ストーン（大英博物館蔵）
○本表紙デザイン＋紋章＝上田晃郷

# まえがき――大阪人のつぶやき

わたしが生まれたのは大阪市内で、先祖は、祖父の代よりも、もっと以前から大阪に住んでいたらしいので、その意味では、生粋の大阪人と申せましょう。

御多分に漏れず、多くの大阪人がそうであったように、昭和二十年三月の大阪大空襲に遭い、戦火の中を、母親の背に負んぶされて郊外へ逃れました。以降、今日に至るまで、ずっと阪神間に住んでいるため、厳密な意味では、大阪生まれの阪神間の人間といえましょう。尤も、空襲の方は、幸か不幸か幼少時であったゆえ、断片的な記憶しか残っていません。

それでも、旧《ふる》い大阪的なるものが濃厚に漂っていた、昭和二十年代から三十年代の時期を、同時代人として過せたのは、幸運なことだったと思っています。

そのころの大阪には、織田作之助の『夫婦善哉《めおとぜんざい》』や谷崎潤一郎の『細雪《ささめゆき》』に描かれている、大阪のミナミや船場の匂いを、周囲の人の会話からでも、十分に感じとれるだけの雰囲気がありました。

自身が大阪人であることを、否応《いやおう》なく自覚させられたのは、長じて、東京で大学生活を送ったころからでした。当時は、東海道新幹線が開通する直前で、在来線の『ビジネス特急』に乗っても、東京・大阪間は六時間半もかかり、両都の間は、現《い》在《ま》よりも遥かに距離感がありました。

昭和三十年代後半の東京は、昨今ほどに、テレビの影響もなく、「大阪的」なるものが浸透していなかったせいか、現在《いま》以上に、大阪人、いや関西人は、「一風変わった存在」と感じられていたフシがあり、わたしを始め、関西出身者の多くが、周囲のそうした眼を意識せざるを得なかったものです。

東京で意外だったのは、それまで、一方的に同郷人のごとく思い込んでいた、京都人と神戸人が、大阪人とは大分違うということでした。

かつて、健在だった明治生まれの祖母が、なにかの折に、「京都の女の人はキツイさかいになあ」とか、「昔から、大阪では、京都から嫁をもらうな、と、よう言うたもんやった」と呟《つぶや》いていましたが、上京するまでは関心もなく、聞き流していたものの、上京後、つまり大学生のころから、何となく、それが現実味を帯びて感じられるようになったのはたしかです。だからといって、京都の女性が、必ずしもキツイわけではなく、恐らく、大阪人が抱く、京都の女性全般に対する、ひとつのイメージだったのだろう、と今になっては考察されます。

京都人と神戸人が、大阪人とは似ていつつも、かなり非なるもの、といった印象は、社会人となってから一層に強められ、それが個人的な興味にまでなって、以来、機会あるごとに、京都と神戸の友人知己を通じて、見聞や体験に努めるようにし、面白く感じたことは、出来るだけ記憶に留めるようにして来ました。

その間数十年、何がどんな風に違うかは、本文をお読みいただくとして、京都、大阪、神戸三都の人の気質《かたぎ》が、昭和四十年代前半ごろに比べると、当節は明らかに変わって来ているように思えます。

それを一言で述べるなら、灰汁《あく》が抜け、関西人（ここでは敢《あ》えてこう呼びます）の持つ、良い意味でのゲリラ性が弱くなっているといえましょう。

そのことは、三都に棲《す》む人間個々の気質だけに限らず、マスコミの世界でも、同じような様相が感じられます。この状態を、裏側から覗《のぞ》くと、パワーが落ちているともいえましょう。

理由は様々に考えられますが、大きな要因は、異様に発達した情報伝達の速さのせいで、関西人自体のアイデンティティー（自分が何者であるかという、存在の独自性についての自覚）が稀薄《きはく》になっているからではないでしょうか。

それでも、京都人、大阪人、神戸人はやはり違います。首都圏と比べても、見劣りしないだけの人口を抱えるこの地域で、三都にこれほどもの違いがあることは、それだけ、文化の面で多様だといえ、無国籍風で奇妙に画一化した首都圏に比較して、大いに誇り、自画自賛してもよいのではないでしょうか。

こんなに違う
# 京都人と大阪人と神戸人　目次

# プロローグ◎『京阪神』は永遠のライバルか!?

## 京阪神は楽天地か

「大阪で稼いで、神戸に住み、京都で遊べば、これほど幸せなことはない」といわれるが、中国の男性が言い出したとされる、例の「食は中華料理、住まいはパリ、妻は日本人」の名言に似て、特定の土地や人間の特徴を言い表わした文句として、冒頭の言葉は、当たらずといえども遠からずである。

けれども、京都人・大阪人・神戸人の関係は、時には三ツ巴、場合によっては二ツ巴であったりして、一朝一夕《いっちょういっせき》には語り難い。

## 『関西人』と呼んでくれるな

関西人という呼称は、特定の地域に住む人をさす名称ではあるけれど、必ずしも、近畿二府四県の住民すべてをさすものではなく、かなり漠然とした呼び方である。

同様の言い方に、東北人、関東人、信州人、九州人などがあるが、どれも関西人ほどには頻繁に使われない。それに、語感から受けるイメージも、東北人は寡黙、関東人は生真面目、信州人は勤勉、九州人は豪快といった風に、割とステレオタイプに近い表現で済ませやすいのに対して、関西人は、陽気、ユーモラス、賑やか、強欲、抜け目ない、お節介、等々と多岐多彩であると同時に、やや卑下《ひげ》したり揶揄《やゆ》したニュアンスが含まれているのも事実である。

そうした理由があるせいか、関西人でありながら、曖昧に『関西人』呼ばわりされると、猛烈に反撥を感じる人たちがいる。


京都人に、「あなた、関西の人ですか」と尋ねると、「へえ、そうですけど京都どす」と、一応は頷《うなず》きながらも、必ず、自分は関西の中でも京都の人間である、とばかり念を入れて地名を言う人が多い。同じように、神戸人に、「おたくは関西の方ですよね」と訊《き》くと、「ええ、神戸の方《ほう》です」と、こちらも京都人同様に、関西であることは認めつつも、その中の神戸であることを強調する場合がよくある。

もちろん、両者の中には、京都や神戸といちいち地名までは口にせず、鷹揚《おうよう》に「そうです」と返事する人もいるが、そんな人でも胸の裡《うち》では、「関西人ではあるけど、ほんまは京都なんやけどなあ」とか「神戸人なんやけど」といった具合に、但《ただ》し書き風の呟《つぶや》きを秘めている。

ところが、これが大阪人になると、「あなた関西の人?」と問われ、「へえ、そうだす」よくぞ当ててくれたとばかりの表情で、実に屈託がない。それどころか、口の軽い典型的な大阪人なら、「やっぱり分かりまっか。なんで見破られんねやろ、かなわんなあ、悪いことでけへん」と、そうしたやりとりから会話がほぐれ、別の話柄《わへい》に転じて行ったりもする。つまり、大阪人にとっては、関西人イコール大阪人という考えに、異論の入る余地がないほど明快なものがあるのに対し、前二者には、それとは正反対の意識が働く。

押し並《な》べて、関西以外の人が『関西人』という場合、そのイメージの中核をなす存在は大阪人であり、更に、それから連想が働いて、先にあげたユーモラスとか強欲といった、大阪人らしいとされる特徴までもが思い浮かぶのが常である。だが、京都人や神戸人にとっては、これは大いに迷惑な思い込みなのだ。

京都人も神戸人も、世間が抱く大阪人的イメージとは、同じ関西人ではあっても全く違い、「あんな連中と一緒にされてはかなわない」という心情が多分に強くて、ユーモラスや強欲云々《うんぬん》の特徴も、大阪人にのみ当てはまることで、自分たちは絶対にその同類ではないと自負している。

要するに、彼らは十把一絡《じっぱひとから》げ式に『関西人』と呼ばれることにえらく抵抗を覚え、思わず「ちょっと待ってくれ」と叫びたくなり、あげくは、自分の住む地域を、まるで但し書きでも貼るごとく付け足したくなるのが、京都人であり神戸人なのである。

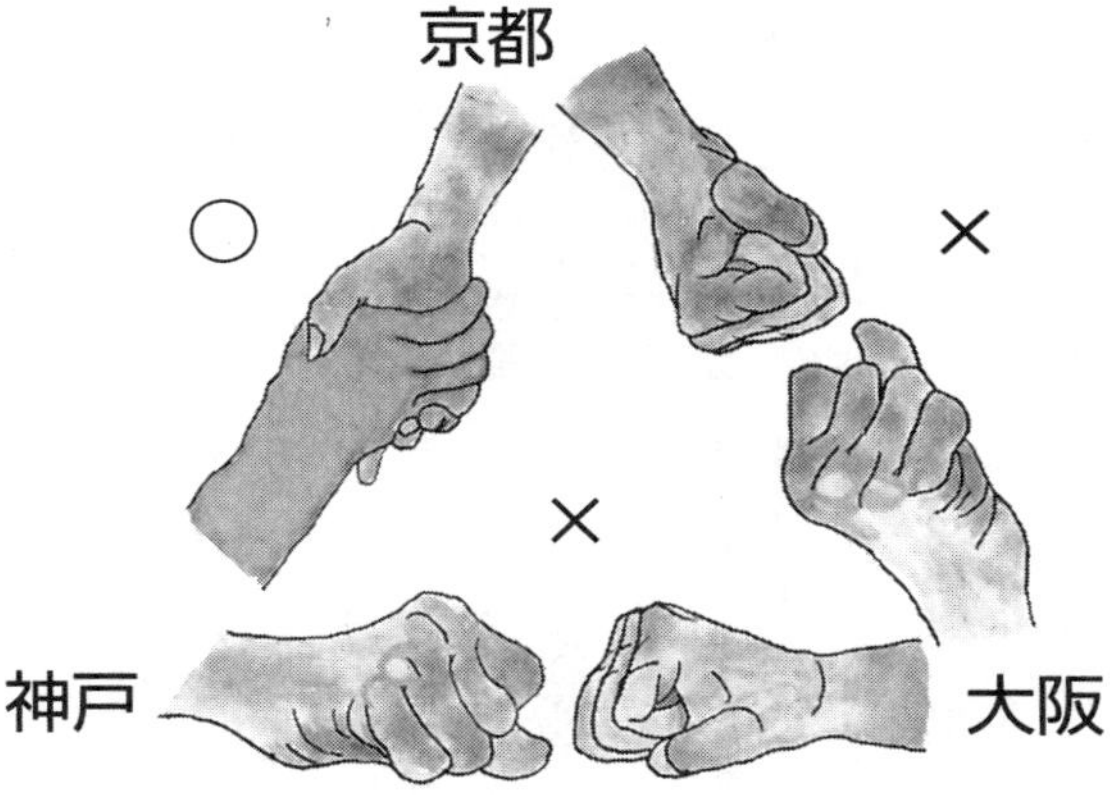


## 京都人・大阪人・神戸人の複雑な間柄

京都人と大阪人、神戸人と大阪人、この二組の関係は厄介である。はっきり言ってしっくり行っているとは言い難い。三者の仲を図にすると上のイラストのようになる。

京都人と大阪人は仲が悪く、神戸人と大阪人も仲が良いとは言い難い。けれども、京都人と神戸人は肌が合う。表現を変えれば、三者の中で大阪人が孤立しているともいえる。

この仲が悪いというのは、単純に互いが相手を嫌忌《けんき》しているだけならば分かりやすいが、一方通行的に、京都人は大阪人を嫌い、神戸人も大阪人に好意を持っていないのに比べて、当の大阪人は、相手が嫌うほどに、彼らに嫌悪感を抱いていない。だから話がややこしくなって来る。

もっとも、大阪に船場商人と呼ばれる大旦那衆が健在だった昭和三十年代頃までは、京女のきつさを理由に、「京都から嫁をもらうな」という言い習わしはあった。だが、これとて、京都人全体を嫌ってのことではなく、大阪人がよく口にする「京女はきついさかいなあ」という俗信めいた巷説《こうせつ》から出たものであったにすぎない。

神戸人に対しては、一段と嫌う理由などない。いやそれどころか、大阪人は神戸人を好いているとさえいえる。片想いに近い。

ではなぜ、京都人や神戸人がかくも大阪人を嫌厭《けんえん》するのだろうか。

京都人に言わせると、大阪人は「あんなせっかちで柄の悪い連中」となり、神戸人も「大阪へ行ったら、イライラさせられ、神戸に帰るとホッとします」となる。詰まるところ、京都人も神戸人も、世に言われる大阪的なる現象や、大阪人の持つ特性の一切合財に、肌合いがよろしくないというわけである。

ここで興味深いのは、京都人と神戸人の仲が、すこぶる付きに良いことである。両者間には何の蟠《わだかま》りもないばかりか、好意すら持っている。双方の好感度の程度を恋愛感情にたとえれば、京都人の方が一倍、神戸人に惚れているともいえる。

事由はいくつか考えられる。まず両方の都邑《とゆう》が持つ気風が正に水と油、京都は陰で神戸は陽、似た面のかけらもないことである。

何しろ、京は千年以上の歴史を誇る古都、片や神戸はたかだか百数十年の歴史しかない新興都市。共通したものが一切ない、ということは、利害や感情の衝突がなく、互いに齟齬《そご》の生じようがない。

次に、山に囲まれた盆地の京都に住む人は、古くから潜在的に海のある風景に憧れがある。それならば、大阪にも海があるではないか、ということになるが、京都人にいわせると、「あないに汚れた海なんて」とにべもない。断っておくが、地図をひろげるまでもなく、大阪の海と神戸の海は続いている。距離的にも隣り合わせで二〇キロも離れておらず、しかも、名称はいずれも大阪湾である。にもかかわらずである。

それに、妙なことには、京都人の眼から眺めると、大阪の海は工場廃水で濁《にご》り切っていて、神戸の海は澄んでいるらしい。その上、神戸には地中海地方にも似た、あふれんばかりの陽光燦然《さんぜん》とした明かるさすら感じられるそうである。こうなると、最早、単なる感情論としか言いようがない。

三つ目に、ことあるごとに歴史の古さを強調し、その重みに圧し潰されそうな京都人だが、反面、意外なほどにハイカラ好きなことが挙げられる。それも、アメリカ文化ではなくヨーロッパ文化贔屓《びいき》で、伝統に輝く欧州風といったものに弱い。そして、うまい具合に、神戸にはその嗜好に応《こた》えてくれそうな、直輸入品めいた雰囲気が慥《たし》かにある。

このように並べてみると、京都人が神戸人に寄せる情愛めいたものは、結局、良くも悪くもコンプレックスの裏返しとしか言いようがない。ちなみに、対する神戸人の方には、この種のコンプレックスめいたものが全くみられない。

### 『三都』とは

昨今、関西の私鉄の中吊り広告に、『三都』なる活字がよく見られる。鉄道自体の客寄せ広告にもあるし、観光ガイドブックや女性誌など雑誌広告の場合もあるが、三都とはもちろん、京都・大阪・神戸の三都市を称してである。

旧来――江戸時代末期まで、三都と表現すれば、江戸・京都・大坂をさす代名詞であって、それ以外に使われることは一切なかった。それが百三十年余り下ると、いつの間にやら、関西の三大都市をさす代名詞に様変わりしたというわけである。

こんな広告を、少し歴史に興味のある人が見れば奇異に映るだろうし、中には図々しいと憤慨する人がいるかも知れない。

とはいうものの、『三都』なる言葉に商標登録めいたものがあるとは思えぬから、ここは使ったもの勝ち、早いもの勝ちの精神で、現代に甦《よみがえ》らせた人のセンスの良さを、十目の視る所十指の指す所とすべきだろう。もっとも、現在の関東圏で、『三都』を活用しようにも、東京・横浜と並べて、もう一都比肩しうる都市が見当らないのも事実ではある。

もうひとつ、三都と同じ意味で、以前から関西には『京阪神』という省略した表現もある。言葉の由来は、今の阪急電鉄が三都市を結んでいることから、かって京阪神急行電鉄と称したことなどからであろう。何れにせよ、三都と並んで便利な言葉である。

京阪神の漢字の順序であるが、語呂が良いのと、町の歴史的価値からみても、京都が最初に来るのに異論のある人は少ないだろう。

そんな次第で、本書でも場合に応じて、簡便的に『三都』や『京阪神』なる表現を使わせて頂くことにする。

# 一◎京阪神はひとつのブロックか

## 「京都」「大阪」「神戸」と呼べる地域とは

たとえば、普段あまり出張のチャンスがない東京のビジネスマンが、妻に「明日は関西へ出張だ」と告げれば、多分「そう、で、帰りはいつ？」ぐらいの返事で済んでしまうだろう。けれども、「明日は京都へ出張だ」とか「明日、神戸へ行くんだ」と言えば、「あら、いいわね、わたしも行きたいわ」と、口先だけのことにせよ、やや羨望《せんぼう》まじりの応えが返って来たりする。京都や神戸と聞くと、ある種の旅心めいたものや、ふたつの町に対するロマンが感じられるのである。

ところが、「明日は大阪へ出張だ」となると、おそらく「そう、変なことに巻き込まれないように。気をつけてね」といった反応がオチだろう。どうも、大阪という土地は、遠方の人からみても、旅心をかき立てるロマンの要素が少なく、ビジネス一辺倒で、観光という面では、京都や神戸に比べてはなはだ分が悪い。

では、世間一般に関西と呼ばれているのは、どの範囲の地域をさすのだろうか。地元テレビのローカルニュースで、「関西のニュースです」とか「近畿地方のニュースをお報せします」という場合は、明らかに近畿二府四県をさしていて、天気予報では、香川県、徳島県、三重県、福井県まで入っているが、これではあまりに広すぎる。

関東や九州の人が関西へ旅行するといえば、京都・大阪・神戸の三大都市とその周辺、それに、せいぜい奈良を加えた地域のことではないだろうか。だから、テレビなどでいう関西地方や近畿地方に比べ、現実の概念はずっと狭い筈である。

これが京都・大阪・神戸の町のみとなると、一段と範囲が限られて来る。

京都の場合、一般にイメージされる京都とは、洛中《らくちゅう》と称する市内の中心部である。洛中とは京の中という意味だが、概略で、図①（次頁）にあるⒶの線で囲まれた内側をさす。

このⒶの線はお土居《どい》といい、豊臣秀吉が造った、軍事的防衛と洪水対策のための土堤である。総長二二・五キロメートルにも及び、高さ三メートル、基底部の厚さ九メートルの盛土に、幅四〜一八メートルの濠《ほり》が随伴し、頂部には竹が植えられていたというが、現在はごく一部しか残っていない。

ところが、土地の通人にいわせると、純然たる京と呼べる地域は一層に狭く、中京区全部と上京区、左京区の一部を入れたにすぎないという。それがⒷの線内である。慥《たし》かに京を語るに必要な多くのものは、大抵このⒷの線の内側に入っている。

では、東部の山科《やましな》区や南部の伏見区はどうなるのかというと、このふたつの地域は京ではないという。理由ははっきりしていて、両区とも、行政的には、かっては独立した自治体であって、後に京都市に合併されたという経緯《いきさつ》があるからである。

図①

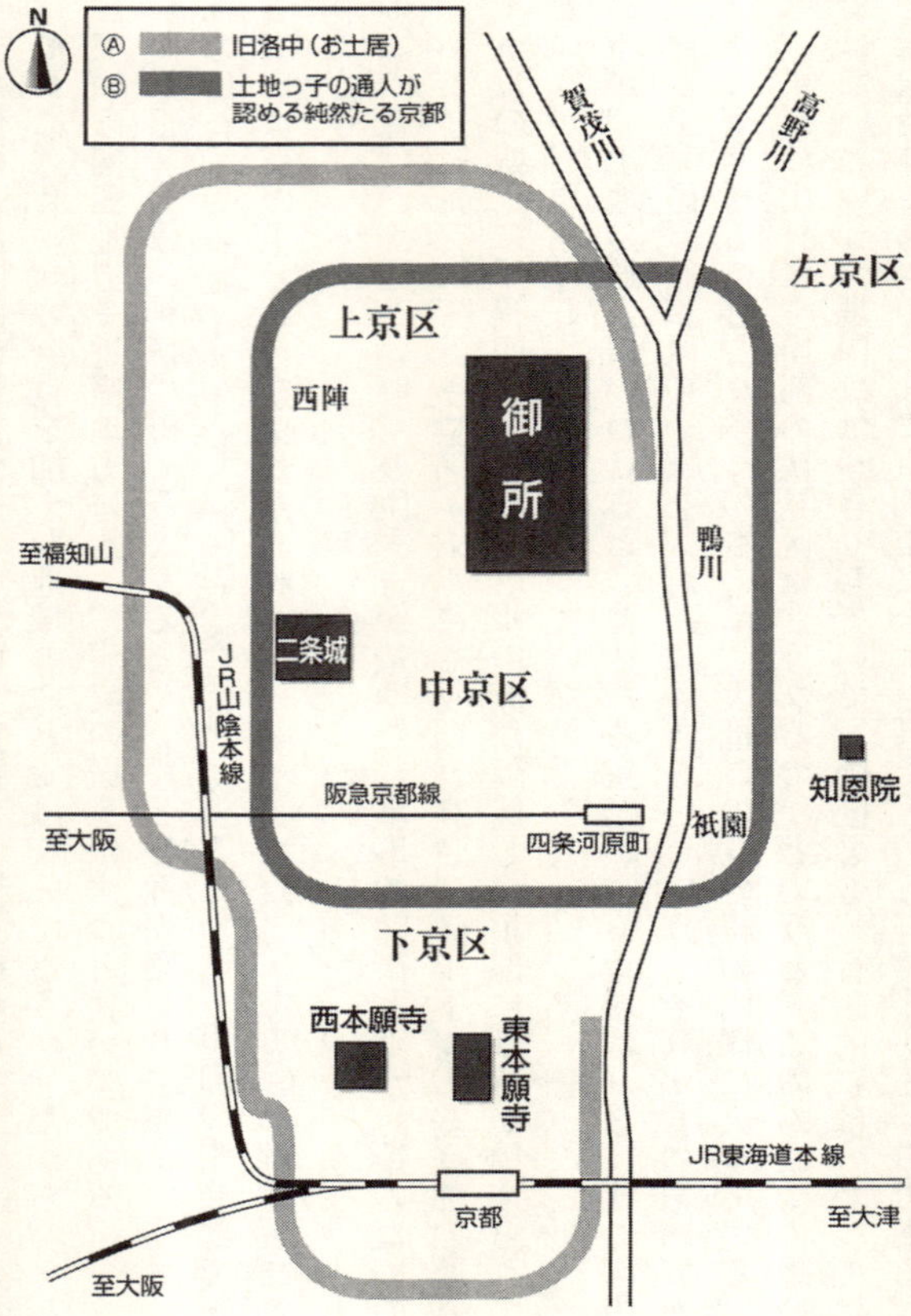
N
Ⓐ 旧洛中（お土居）
Ⓑ 土地っ子の通人が認める純然たる京都
賀茂川
高野川
左京区
上京区
西陣
御所
鴨川
至福知山
JR山陰本線
二条城
中京区
知恩院
阪急京都線
至大阪
四条河原町
祇園
下京区
西本願寺
東本願寺
JR東海道本線
京都
至大津
至大阪

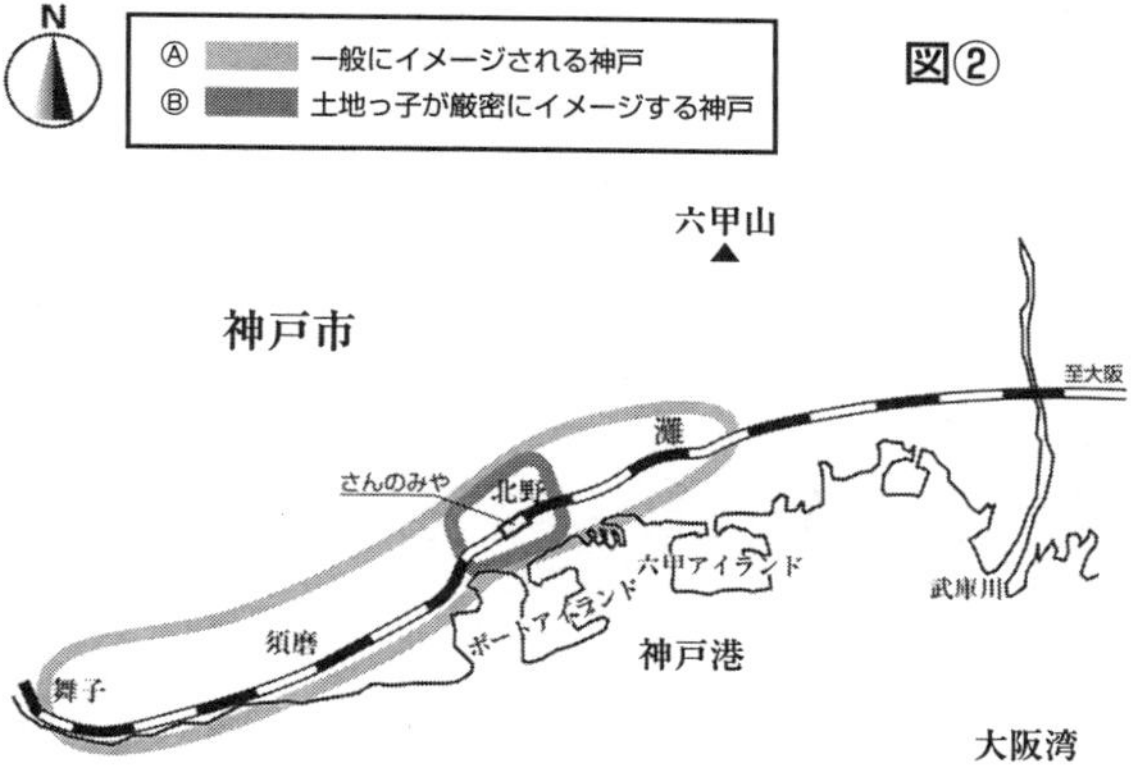


図②

特に伏見の町は、幕末まで伏見奉行所が置かれ、大坂から三十石舟で淀川を溯《さかのぼ》って行った場合の終着点で、京のひとつ手前の町だった。

事実、伏見の人など、京都の中心部へ出かける場合、「河原町へ行く」などとは言わず、「京都へ行く」と表現する人が多い。先にも述べたように、幕末までの伏見の町は、伏見奉行所の管轄で、全く別の町だったのだから。

大阪の場合も同様で、本来の大阪と呼ぶべき区域は、かって大坂と表記された明治初期ごろまでの範囲、つまり、江戸時代に大坂三郷と称された天満組、北組、南組の地域で、現在でいえば、北区の南半分、中央区全域、西区の一部ぐらいである。

これが神戸となると更に狭く、一般のイ

メージにある神戸は、図②にあるⒶの線内ぐらいであるが、生粋の神戸人にいわせるともっと極端で、「神戸らしい」のはⒷの線内だそうで、せいぜい旧生田区内のみだという。

いわれてみれば、異人館や海岸通など、いかにも神戸らしい風景というのは、大抵Ⓑの線内である。

## 厄介な阪神間

京阪神を語るとき、どうしても避けることが出来ないのが阪神間の存在である。阪神間とは字義どおり、大阪と神戸に挟まれた地帯で、行政的にはっきりした定義はない。強いていえば、旧摂津ノ国の南半分から、神戸市を除外した地域とでもいえようか。

図③で線に囲まれた地域がその概略図である。この中には、甲子園球場のある西宮や歌劇で知られる宝塚、東京の田園調布とよく比較される芦屋なども含まれる。旧摂津《せっつ》ノ国は、現在の大阪府と兵庫県に跨っていたが、風土的には本来同じ土地である。

この地域の人口の概略と面積は表①のとおりである。

表にある阪神間の都市の人口を足すと、ざっと二〇〇万人にも及ぶが、この数は

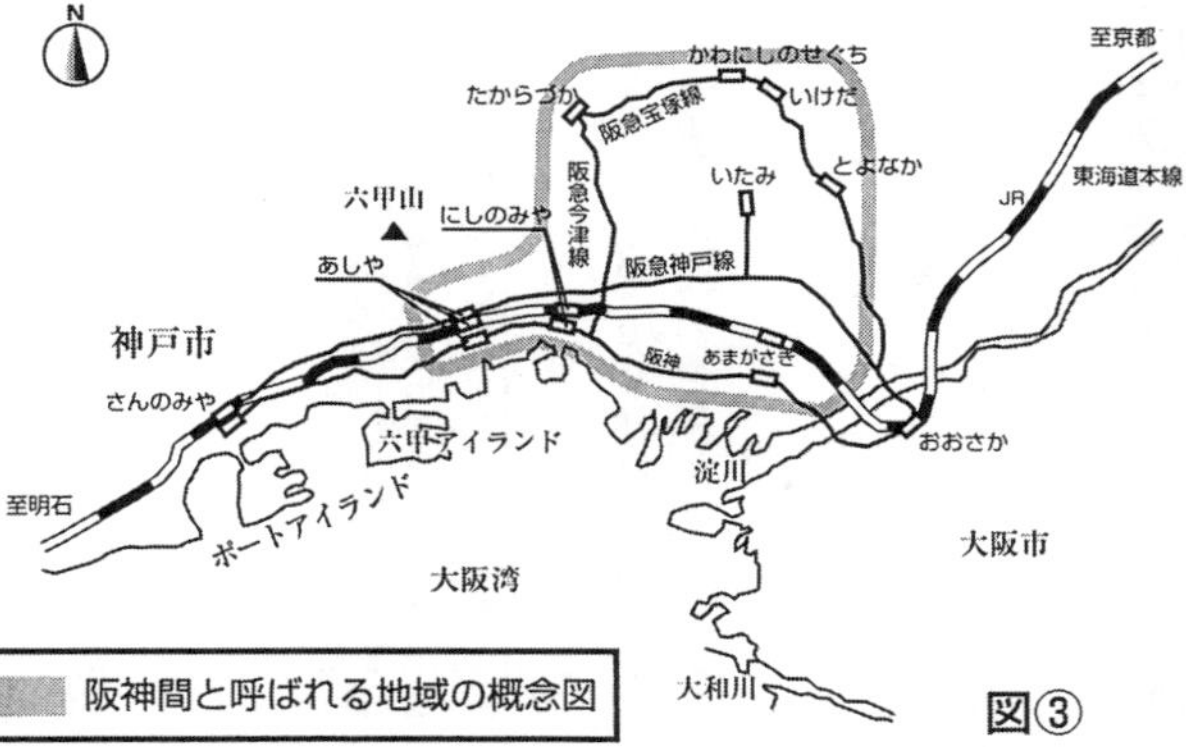


阪神間と呼ばれる地域の概念図

図③

京阪神の三都と比べて無視出来ない数字である。

因みに、この人口に京都市、大阪市、神戸市の人口を足すと七六〇万人ほどになるが、狭い狭い大阪府全体の人口が八八〇万人ほどであるから、ついでにそれらを乱暴にトータルしてしまうと、約一三〇〇万人以上にもなり、これは東京都の一二〇〇万人を優に超える人口ということになる。

さて、阪神間二〇〇万人の人たちであるが、これが実に微妙な存在なのである。その多くは仕事場を大阪に持つ人（つまり大阪へ通勤している人）であるにもかかわらず、気風としては、大阪人的な面と神戸人的な面を、同時に併せ持つという二面性がある。だから、三都のうち、大阪人と神戸人を論じる場合に限り、実際には大阪や神

表① 【阪神間の都市と人口】

| | 人口(万人) | 面積(㎢) |
|---|---|---|
| 豊中市(大阪府) | 39 | 37 |
| 池田市(大阪府) | 10 | 22 |
| 尼崎市(兵庫県) | 46 | 50 |
| 西宮市(兵庫県) | 45 | 100 |
| 川西市(兵庫県) | 16 | 53 |
| 伊丹市(兵庫県) | 19 | 25 |
| 宝塚市(兵庫県) | 22 | 102 |
| 芦屋市(兵庫県) | 9 | 19 |
| 京都市 | 147 | 610 |
| 大阪市 | 262 | 222 |
| 神戸市 | 151 | 550 |

(2002年調査)

戸に住んでいなくても、この人たちの持つ気質が、両都の色合いを決めるのに、かなり影響することは否めない。

大阪の古い寓言に『股ぐら膏薬《こうやく》』なる表現がある。あっちに付いたり、こっちに付いたりと、定見のないことをさし、「あいつは股ぐら膏薬みたいなヤツや」といった使い方をするが、好ましい意味ではない。阪神間とは、何となくこの股ぐら膏薬風の様相で、一種の浮動票的存在といえよう。

## 京阪神、その地域へのこだわり

京都人、大阪人、神戸人のうち、住む地域へのこだわり、言いかえると、土着が強いのは京都人である。多くの京都人は、可能ならば図①で示したⒷの枠内、つまり純然たる市中で、最も京都らしいとされる所に住みたがっている。中京区など正に都会の喧噪《けんそう》そのものと思える場所であるが、それでも中心部が良いらしい。もちろん、公園や緑も少ないし、ましてや、庭付一戸建などよほどの大金を積まねば不可能である。

ビル街と呼んでも差し支えない場所であっても、住みたいと願うのは、京都特有の町並みにある。何しろ、京都は、太平洋戦争の戦禍を被っていない数少ない町のひとつで、ビルの谷間に昔ながらの町家が密集し、伝統的な暮らしが生きている。

現代の大都会では、近代的なビルが大威張りし、その間に残る木造の町家は、ともすれば、コンクリートジャングルの中で息も絶えんばかりだが、京都ではそれが逆転していて、木造町家の方が、ふんぞり返ったごとく見えるから不思議である。

どうやら京都人は、『閑静な郊外の一戸建』という、現代日本の都会人が抱く住宅嗜好とは、正反対の思いを持っているらしい。けれども、人間関係や伝統的な仕来《しきた》りを重視すれば、市中の中心部に住まざるを得ないし、それが得策なのも事実である。

そして、町中に住むほとんどの京都人が、町そのものを愛しているし、不用意に、再開発的な行為に手を貸さない賢明さも持っている。とに角、町とか伝統なるものは、うっかり手を加えて新しくすると、もう絶対に取り返しがつかなくなることを、この町の人はよく知悉《ちしつ》している。

京都人に比べると、大阪人の地域に対する愛着度は極めて低い。端的な例が都市のドーナツ化現象である。大阪市の人口が郊外へ流出しだしたのは、戦時中の空襲がきっかけであろう。それ以前からも、ごみごみした市中を避けて、阪神間へ引っ越す傾向はみられたが、昭和二十年の空襲で、完膚《かんぷ》なきまで焼き払われると、焼け出された人も、その前に疎開《そかい》していた人も、そのまま引っ越し先に居付いてしまうケースが多かった。

更に、戦後の混乱が一段落した昭和三十年代後半になると、郊外ブームが起こって、一層その流出に拍車がかかり、阪神間の人口が増えた。だから、阪神間には『生粋の大阪人』と呼べる人が結構多い。

大阪人というのは、「大阪人である」という密かな自負は人一倍強い一方、不思議なほど生まれ育った土地に対する執着度が低い。

これには様々な理由が考えられるが、筆頭にあげるべきは、大阪の町自体、過去に住環境として、快適な生活が営めるようにと、環境整備に努力した形跡がほとんどないことである。よくいわれる通り、呆れるほど緑が少ないし、市中も上町台地を除いて地形的な変化に乏しい。

元々が埋め立てで拡がった町だから仕方ないとしても、都市としての成長過程で、稼ぐ所、働く所とする発想は強かったものの、住む所という面では、それほど真剣に考えられた様子がない。

商《あきな》いの町で売って来たから、商売上の利便のためには、数多くあった堀川に、町人たちが自弁で橋を架けたりと、随分投資して来たが、反面、日常の暮らしを快適に——つまり住みよくするための投資——は無駄なことのように思われていた。商売上のあれこれにうまく金をかければ、更にそれが利益を生むが、生活に金をかけても、一文の得にもならない、とする極端な実利思想から生れた結果である。

次に、船場の商人などには、昭和の初めごろから、それまで店と住居が一緒であったものを分離し、商いの場は大阪市中に、自宅住居は閑静な郊外にという傾向が現れ、益々、市の中心部の環境を良好にしようとする発想が遠退いて行った。

昔から、大阪市中には、閑静で高級な住宅街と思しい所が少なかった。せいぜい、中心部から少し離れた、阿倍野《あべの》区から住吉区に跨《また》がる帝塚山《てづかやま》一帯ぐらいで、ここは戦前、芦屋と並ぶかそれ以上とみられる屋敷町であった。が、近年は御多分に漏れずマンションが増え、往年の俤《おもかげ》はない。

建築の専門家にいわせると、真に大阪らしい景観とは、中之島界隈だそうだが、それに御堂筋を加えれば、世界にも十分通用する美的環境であると自慢出来る。けれども、この辺り一帯は全てオフィス街で、人間の暮らしとは縁遠い。こうした諸事情が、京都とは決定的に異なるところである。

現在の帝塚山界わい

今は郊外住いだが、かっては大阪市中に住んでいた人で、機会があれば、市内の中心部に戻りたい、などと考えている人は皆無に近いだろう。それほど大阪という町は、住環境としての美観に乏しく、魅力薄である。

神戸人は町の中心部に強い愛着を持っている。京都人のように、伝統を帯びた習慣や仕来り、それに旧来からの人間関係などを重視する、といった意味とは違うが、町の持つ異国的な雰囲気を、神戸人であることと同化させて、町全体を誇りにしている人が多い。

神戸は阪神・淡路大震災の中心地で、再起不可能か、と絶望させられるほどの被災ぶりであった。が、正に奇跡の一語に尽きるほどの復興ぶりを見せた。その力の源泉は、何よりも町を寵愛する執心だろう。大きな都市には、大抵、その町を代表する顔ともいうべき自慢の景観がある。先の大阪なら中之島界隈、京都は東山から眺め下ろした町全景がそれに当たる。

神戸の場合は、山ノ手の北野界隈と、海岸通一帯の二箇所が顔である。三都の表情《かお》のうち、特に女性の眼から見た、雰囲気の良さという点では、神戸に軍配があがるのではないだろうか。写真にある二箇所は、地震からの復興も目覚しいし、神戸人自身が最も愛着を持っている地域でもある。

神戸の顔を特徴づけているものは、眼前の海とすぐ北側に迫る、六甲山系に挟まれた狭い土地に、忽然《こつぜん》と浮かび上がるヨーロッパ的な風情である。そして、北野町から海岸通までは、文字通り坂道を下って行くだけの距離で、この間に、神戸らしいものの全てがある。

京都や大阪ならば、一介の観光客では気付かない、土地の人が言う所の、「これこそが京都」とか、「これが大阪」と称する場所がいくつもあるが、神戸にはこうした隠れ里風の場所はなく、土地の人が「神戸らしい」と思っている所と、他所の人がそれと感じる所がほぼ一致している。

北野町から海岸通の間には、神戸らしい店舗の主だったものが揃っているし、名高い南京町もここにある。阪神間の芦屋に住んでいる人でも、ちょっとした買物

大阪・中之島の景観

京都・東山連峰からの眺望

は、気さくに神戸人となって、この一角へという人が多い。京都や大阪ならば、観光客が行く店と、地元の人が行く店が大きく隔たっている場合が往々にあるが、神戸ではその差があまりない。

北野町界隈は、観光地図で紹介される異人館が点在している傍に、普通の住宅も違和感なく混在している。当然、この辺りに住みたいと望む神戸人も多く、その意味では、中心部に住みたいという京都人と、町へのこだわりという点で共通しているといえる。

こうして並べてみると、京都人と神戸人は、衣食住すべての面で、「自分たちの町」に対する執着心が人一倍強いのに比べ、大阪人は「大阪的なるもの」、特に、土着の気質に対してはすこぶるつきの愛着を持っていても、土地自体へのこだわりという点では、淡白すぎるほど淡白なのではないかと思われる。

### 三都の懐《ふところ》具合

京都と大阪の上部行政組織は府で、神戸は兵庫県である。妙なことに、その財政事情は、京都と神戸が似ていて、大阪はほぼその逆である。

昨今、地方自治体で財政が豊かな土地は珍しいほどだが、京都市と神戸市の財政状態は悪化がはなはだしい。それに比べ、上部の京都府や兵庫県は、市ほどに極端

神戸の顔・北野界わい

神戸・海岸通

には逼迫《ひっぱく》していない。一方、大阪市は破綻《はたん》状態に近いと言われつつも、どん底までは落ち込んでいないが、上部の大阪府は、尻に火がついた大赤字状態である。

こんな事態から、近ごろ盛んに、「狭い大阪に市と府の両方は必要ない。両者を合併して、ひとつの自治体にすればよい」とする意見が飛び交うが、むべなるかなである。新しもの好きで冒険心旺盛な大阪人だから、常識にとらわれず、やってみる価値があるかも知れない。「瓢箪《ひょうたん》から駒が出る」ということもあり得る。

神戸市の悪化ぶりは、一説によると破綻同様であるともいう。理由は、地震による大幅な歳出超過が続いた上に、海上を埋め立てて造った人工島、六甲アイランドへの企業誘致の不調。これも海上埋め立ての神戸空港への膨大な支出などがある。

地震は天災であるから、ある程度は仕方がないとしても、埋め立て事業については、バブル期の負の遺産ともいえる。

特に、海上に造られている神戸空港は、政府レベルでも物議をかもし、地元の人たちでさえ、必要性に首を傾げる人も多い。

神戸一帯の財政で、最も問題なのは、震災後の政府復興援助金である。これは神戸市だけに限らず、阪神間や淡路の被災自治体にも同じことがいえるが、特に芦屋や西宮などの都市は、かって、日本の高額納税者在住地帯として知られていた。

言葉をかえれば、国家に税金で寄与した優等生的な土地である。それなのに、国からの復興資金は、平成十四年度で打ち切りとなった。

大阪的な発想をすれば、過去にさんざん国家へ奉公しておきながら、それに見合った見返りを受けていないということになる。関西人として、なぜもっと強力に政府へ働きかけなかったのだろう。同じ関西人であっても、役人と民間人では気質が全く違うということか。それにしても、諦めが良過ぎるように思われる。

さて、この章のタイトル「京阪神はひとつのブロックか」を、改めて考えてみると、地勢的には明らかに同一ブロックといえる。なにせ、JRの新快速を利用すれば、京都・大阪間は二十七分、大阪・神戸（三ノ宮）間は十九分、これはもう通勤距離としても理想的である。

けれども、三都に棲む人間はとなると、その気質はかなり違う。言葉だけは、関西弁という大枠の中で、語尾下がりであったり、表現が軟らかであるといった風に、他所の人の耳に入る語感では似ているが、これとて、土地の人が聴けば、違いがはっきり分かるほどの差がある。

三都を一軒の家にたとえるならば、京都は奥座敷か離れ屋式の茶室、大阪はリビング兼用の台所、神戸はガラス屋根付のベランダといったところである。

ゆえに、結論としては、三都は地続きだが、別の土地ということになる。

# 二◎京都人・大阪人・神戸人　センスくらべ

## 京阪神のファッションセンス

「京の着だおれ、大阪の喰いだおれ、神戸の履きだおれ」という言い回しがある。それぞれの土地の気風を表わし、当っている。

この表現にある「京の着だおれ」とは、勿論、和服に関してであって、洋服には全く当てはまらない。

京都は和服の本場である、と言い切っても誰も異論はないだろう。衣類といえばきものしかあり得なかった歴史が千年以上もあるし、しかも都であったから、庶民から貴人まで、『きもの』にまつわる、ありとあらゆる品物と情報が存在した。その伝統は、今も脈々と受け継がれている。

時流に押され、和装産業は下降線をたどる一方だとはいうものの、産地の西陣、流通の元締め的な室町は健在だから、京都は産地直結の消費地であることには間違いない。

京の家庭では、結婚となると、他の都市では考えられぬほどに、和装に関して出費する。それは、娘の嫁入り支度だけに限らず、男子でも、ちょっとした家庭なら、紋付や袴まで新調するし、夏物冬物と揃えることも珍しい話ではない。そして、現実に、京では四季を通じて、日本中のどの町よりも和服姿をよく見かける。

たしかに、京都人の和服を見立てる眼は、もう遺伝子的といえるほどに優れたものがあるし、中年以上の人ならば、きものについての評価や意見を、玄人《くろうと》の批評家並みに滔々《とうとう》と論じることも可能である。京都人全体が、ことさものに関しては、一家言持っているといえる。だから、京都市中で、板についていない和服姿を見かければ、他所者であるとみても差し支えないほどである。

ところが、この京都人が、一旦洋服を着たとなると、突然変異のごとく、野暮で凡庸《ぼんよう》な姿に豹変する。どのように野暮かと問われても説明が難しいのだが……。

たとえば、普段、きもの姿が看板の芸者や邦楽関係の女性が洋服を着ると、素人眼にも、いかにも粋筋の人といった印象を受け、しかも、それがセンスの面でチグハグさや違和感を伴ったものだけに、必要以上に人前で目立ったりする。粋筋の人ほど調子外れではないにせよ、京都人の洋服姿には、これに似た非センス的なものを感じるのだ。

要するに、京都人は、和服の着付け感覚で洋服を着るのである。服と組み合せる靴、バッグ、アクセサリーから歩き方の身ごなしに至るまで、基本が和装のセンスなのだ。しかも、その品が妙に高級品であったりするだけに、野暮ったさも倍加して見える。

だからといって、決して下品なのではない。ひたすら見栄えせず、垢抜けないのである。こうした京都人の和のセンスが、ひとたび純日本建築や和風のインテリアに生かされた場合、日本のどこの人の追従を許さないのも、また確かである。伝統とはげに恐ろしい。

大阪人にとっては、そもそもセンスという単語すら縁が遠い。センス以前といった方が手っ取り早いのかも知れない。京都人の得意な和装も、大阪では見かけることすら少ない。これは神戸も同様である。ゆえに和のセンスは除外して、洋だけに限って述べても、単に泥臭いとしか言いようがない。辞書の中では、野暮も泥臭いも、同じような意味に扱われているが、服装の趣味という点に限れば、かなりニュアンスが違う。

野暮には、多少、工夫の余地めいたものがあり、まだしも済《すく》いがあるが、泥臭いにはそれすらない。理由は、大阪人のお喋りに似て、思いついたことは、あまり深く考えもせず、欲望むき出しにすぐ実行するからである。

大阪人の服装、特に中年女性のそれには、押し並《な》べて派手派手しい原色や金ピカのアクセサリーが、これ見よがしに目立つ。こうした趣味は、ヨーロッパ人やアフリカ人なら、肌や髪の色とマッチする場合も多いが、日本人には少し無理がある。それでもお構いなしである。

個人の服装であっても、それが周囲に不快感を与えたり、時には迷惑を及ぼすことすらあるが、大阪人は頓着しない。「自分のお金で好きなもん着て、何が悪いねん」という理屈になる。

典型的な例が、ミナミ界隈を闊歩する中高年のオバサンである。年甲斐やコーディネイトなどどこ吹く風、スーパーの極彩色チラシ広告のごとく、あらゆる原色が躍り、更に、金銀パールの光沢が輪をかける。もうほとんど歩く広告塔と紙一重である。もちろん、そんな婦人ばかりが歩いているわけではないが、何しろ目立つ人の数が多いので、ついつい、街全体が派手な人の天国のごとくに見えてしまう。

たとえば、ある女性が真紅の服を着て出かけることにしたとしよう。

京都人なら、それに合うアクセサリーは、ゴールド系が良いか、シルバー系が良いかと鏡の前で迷ってみる、ということまではよくある。そして、最終的には別の竹製や布製の品に決めてしまったりする。

神戸人なら同じように迷った場合、それならいっそ、何もつけない方がシンプルですっきりする、とアクセサリーを少なくするか省く。

ところが、大阪人となると、迷うところまでは同じでも、「困ったなあ。どれもこれも見せびらかしたいし、しゃあない。全部つけて行ったろ」となってしまう。こういうのを正直とか率直とはいわない。

大阪人の服装の特徴を一言でいえば、吉本新喜劇にも通じる泥臭さと下品さであり、洗練とは対極のものである。

それに、これは大阪人全般に当てはまることだが、特に中高年の女性には、異様と思えるほどセカセカとエネルギッシュな人が目立つ。かって元気印なる流行語があったが、そんな健気《けなげ》なニュアンスではなく、ストレートな欲望むき出しで、意の向くまま突進して来る感じである。このような挙措《きょそ》性向に、原色のギラギラしたファッションが加わると、強烈な印象が一段と増すのも当然だ。

だが、世の中面白いもので、往々にして、こうしたセンスのなさは、人間性とは正反対であることが多く、外側はどぎつい満艦飾でも、中身は意外なほど、底抜けのお人好しという人間味豊かな人が多い。

神戸人は、ファッションに関する限り、前二者に比べると、正しく「月とスッポン」である。

町自体の発祥が外国航路の港、それもヨーロッパ航路として開けたから、洋服というものが、暮らしの中にしっかり根付き同化している。

ヨーロッパ航路の終着港であったということは、神戸人の趣味趣向を語る上で極めて重要だ。横浜がアメリカ航路の港として開け、文化の面でもアメリカナイズされた面が強かったのに比べ、神戸にはシックなヨーロッパ調が根付いたのである。だから、神戸人の服装に関するセンスも自然体で気負いがない。ノーマルで健全、派手すぎず地味すぎず、中庸を得ている。そして、洋服なる外来品の着こなしに、ツボを心得た人が多い。

色彩的なイメージでいえば、神戸人の趣味は中間色である。そんな意味で、首都圏の銀座あたりに似ているともいえる。

神戸人のセンスを語るとき、よく引き合いに出されるのが、母娘二人連れのファッションだ。神戸では、人出の少ないウィークデイの昼間、年頃の娘とその母親と思《おぼ》しいカップルをよく見かける。カジュアルなペアルックであることもあるし、それぞれが好みの服装のときもあるが、いかにも良家の親子づれといった、シックな雰囲気を漂わせた人が多い。高級なものを身につけていても、それがさり気ないのである。

ところが、大阪の若い女性などにいわせると、そんな親子づれのファッションを、「親離れしていないみたいで、気味が悪い」とか「古臭い」と首を傾げる。どうも大阪人は、優雅であるとか、品位があると思しきものに対して、闇雲《やみくも》に反撥を覚える人種らしい。

これは個人の趣味や感性の範疇《はんちゅう》に入ることで、一概に、何が良いとか悪いとかと決めつけるわけにいかないが、ことファッションに関して、大阪のミナミや、場合によると京都の中心部ですら見かける、絵具皿と玩具箱を一緒に引っくり返したごときのウィンドウ・ディスプレイと同じセンスを、神戸の中心部にあっては、見かけることが少ないのはたしかである。

言いかえれば、三都の繁華街のウィンドウを眺めるだけで、随分と風土の違いを感じさせられるし、その中で、神戸が群を抜いてすっきりしているのは明らかだ。

## 京都の渋好み、大阪の多色、神戸の単色

衣服の色彩に関しても、京阪神三都では好みがはっきり分かれる。

京都人はベースに和服のセンスがあるから、色だけでなく柄や材質も重視し、それが屢々《しばしば》渋い好みとなる。和服の場合、ある意味でデザインというものがなく、形の統一されたものだから、渋さも使いようで、派手さを演出したり、粋《いき》に通じたりもするが、洋服では、単に地味なだけの印象になってしまうことが多い。

京都の泣きどころは、この渋さや地味さが、シックに結びつかず、垢抜けないものになってしまうことである。和服の弊害ともいえる。

和服の場合、素材が高級であることも大切な要素に入るが、洋服では材質以上にフォルムが重要である。けれども、京都人が洋服を選ぶとき、形やデザインもさる

ことながら、それ以上に材質を重視するので、これが折節渋さ（垢抜けない）につながる。

反面、ひと眼でアングロサクソン系と思しい初老の婦人が、渋い和服を瀟洒《しょうしゃ》に着こなし、日本人以上に日本人らしく歩いているのを見かけることがあるのも、京ならではといえよう。京都では、町の性格自体が和服は大いに受け容れても、洋服は相容れることが困難な風土であるのかも知れない。

住む人が、知らず知らずのうちに、自分を町の持ち味に合わせてしまっている、とでも言えるような……。

大阪人は、原色やそれに近い華やかな色が好きである。しかも、その色を無秩序に使いたがる。この風潮とは反対に、地味であったり上品なことを、古い大阪弁で「コォト」と言った。牧村史陽編の『大阪ことば事典』には、「高等の意とも思われる」とあるが、なぜか江戸期から該当する漢字がない。

明治生まれの世代までは、盛んに使い、「この帯、私《わて》にはちょっとコォトやけど、似合うやろか」などという使い方をした。だが、昨今では全くの死語と化している。

かって、コォトは多分に良い意味でも使われた。つまり、ある時代までの大阪には、原色の飛び交う、けばけばしい趣味を否定する空気すらあった。だからこそ、ミナミの「赤い灯、青い灯」が効果的に際立ったともいえる。

ゆえに、今日、世間に嗤《わら》われるごとくに喧伝される、大阪人のぎらぎら嗜好は、太平洋戦争後のことのように思われる。

ともあれ、いまの大阪は色彩の氾濫《はんらん》である。カラー不感症といった方が手っ取り早い。事由は、我れ勝ち式の目立ちたがり屋が多く、欲望のおもむくままに、衝動買いした物を身につける人が多いからである。こんな情景を、他所の人は泥臭いを通り越して、「エネルギッシュ」とか「パワフル」と受け取る。それにしても、奇妙かつ不思議な現象である。

ここまで書いて気付いた。大阪人とは、ひょっとすると、日本で一番制服の似合わない人種ではないだろうか。


「京の着だおれ、神戸の履きだおれ（東京もいう）」といわれるが、では、実際に三都のファッションに関する支出はどうだろうか。表②をごらん下さい。

これは三都における、衣服や履物に関する、一世帯当たりの月平均支出額である。これで見ると、京都人の出費が一番少なく、神戸人が多い。その差は三五〇〇円強であるが、決して莫迦《ばか》に出来ない数字だ。

この表で見る限り、ファッションに対して、神戸人が一番気前良く出費していることになるが、大阪人に比べ、神戸人のお洒落《しゃれ》は目立たない。理由は、神戸人が比較的単色や中間色を好み、しかも、その色が大阪ほど派手でないため、シックで街に溶け込んでいるからだ。

次に表③（次頁）をごらん下さい。これは、流行おくれのものを着ても気にならないかどうか、についての調査結果である。

順位の高い方が、流行に鈍感ということになる。これでみると、鈍感な土地のご三家は、福島、岩手、山形の東北勢であるが、一年の内、三分の一も雪に囲まれると、流行どころではないだろう。

東京が二〇位、大阪、京都、神戸もほぼ真ん中のグループに入っているが、中では、神戸が一番流行に敏感な土地ということになる。

流行というものは、余り極端に追い過ぎると軽薄に見え、場合によれば、好奇の眼に曝《さら》されるだけがオチ、という結果になりかねないので、中ぐらいか、それよりやや先を行くぐらいが

**表②【三都の月間平均「被服及び履物」に対する支出】**

| | |
|---|---|
| 京　都　市 | 19,607（円） |
| 大　阪　市 | 20,429 |
| 神　戸　市 | 23,203 |

総務庁統計局「家計調査年報」（平成9年）より抽出

表③
【流行おくれのものを着ても気にならない】

| | |
|---|---|
| ① | 福　島 |
| ② | 岩　手 |
| ③ | 山　形 |
| ～ | |
| ⑳ | 東　京 |
| ～ | |
| ㉚ | 大　阪 |
| ㉜ | 京　都 |
| ㊶ | 兵　庫（神戸） |
| ～ | |
| ㊼ | 愛　媛 |

NHK出版『現代の県民気質』より抽出
（1996年調査）

丁度よいのではないだろうか。

　この理屈でいけば、流行に関しても、神戸はほぼ理想の位置にある、というと少々褒め過ぎになるが、ファッションのセンスに関しては、京都も大阪も、神戸にはかなわないのである。

　それにしても、表③にみる、流行に一番敏感な土地が愛媛とする順位が、どうも腑におちない。県都の松山は、かなり美人の多い土地柄ではあるけれど、ファッショナブルという印象を受けたことはかって一度もない。不思議な結果である。

## 神戸の『ファミリア文化』

　神戸に『ファミリア』なる子供服店がある。本店は元町通だが、今や全国的に支店網があるからご存知の方も多いだろう。阪神間の人で、五十歳前後から下の世代の人なら、自分の子供に着せた人も多いだろうし、自身が着た覚えのある人もいる

神戸・元町の『ファミリア』

はずだ。

ファミリアの発祥は、終戦直後、芦屋界隈に住む主婦たちが、欧米の家庭雑誌や進駐軍家族の子弟にみられる、いかにも子供らしい洒落《しゃれ》たセンスの服装に比べ、日本の子供のそれが、余りにみすぼらしいことから、一念発起し、自分たちの子供のために、見よう見真似の手作りで始めたのが、創業のいわれと聞く。

ファミリアの子供服は、チェック柄が定番商品で、ひと眼でそれと判る。趣味の良い、いかにも子供ならではの可愛いらしさを演出するもので、以降、日本の子供服に与えた影響ははかり知れない。子供服の世界に、ヨーロッパ調の上品なセンスを存分に導入したという点で、改革者的な存在といっても過言ではない。

ファミリアの製品は仕立ても念入りで丈夫なことから、兄弟がいれば順送りに着せられるだけでなく、大切に使えば、更に、知り合いの子供にも着てもらえるという、『お下がりの美徳』めいた例が多い。だから、阪神間では、何かのたとえ話に「ファミリアの服みたいに」とでも言えば、それだけで通じ合える普遍性すらある。

このようなファミリアの子供服は、着せた側にも着せてもらった側にも、趣味の良さと、一定の品位や節度といった服飾感覚の面での、ファミリア文化とでも呼べそうな雰囲気を醸し出していて、長年にわたり、神戸及び阪神間のファッション・センスに、大なり小なり影響を及ぼして来たのは間違いない。

尤も、近ごろのテレビ画面などで見かける、小さな子供を茶髪にした上、珍奇なヘアースタイルにまで仕立てて悦に入っている類《たぐい》の親たちには、このての話は無縁である。

## 京阪神のブランド志向

ブランド好きであることにおいて、京都人・大阪人・神戸人も、標準的日本人と何ら変わるところはない。それでも、三都の住人の嗜好を巨細に眺めてみると、お国振りとでもいえそうな、はっきりした違いが垣間見えて来る。

大阪人は、ブランド好きにおいて決して人後に落ちないが、流行の商品に対して必ずしも敏感ではない。どちらかといえば、女性雑誌などで特定のブランドが喧伝され、全国的に知られ出したころになって、どっと群がるような風潮がある。

ケチだといわれる大阪人だが、これは商売上のことであって、個人の消費、それも趣味性の強いものに対しては、結構浪費好きである。ただし問題がある。大阪人には多分におっちょこちょいでええかっこしい（大阪弁で、人前で自分をよく見せたがる人）の面がある一方、大阪独特の妙な合理性が働いて、ニセモノのブランドでも、一見それらしく見えれば、まがい物であっても安い方に越したことはない、と割り切って身に付けて歩く困った風潮があることだ。どうも、「完全なる偽物は本物である」とする説は、大阪人のためにあるらしい。

現実に、精緻に真似られた偽ブランドのバッグなど、すぐ傍で見てもよほどの専門家でないと、本物か偽物かの判別は難しいものである。けれども、少し拘《こだわ》りのある人なら、それと知って持つこと自体、到底、自尊心が許さないものだ。が、大阪人には、まがい物と分かっていても一向に平気な人が多い。

インチキ品であろうと、見た眼には立派に流行の品風であれば、「世間の連中に、そんなもん分かるはずないやないか」とばかり、堂々と使っている。

その上、本物だと汚したり傷つける心配があるが、安価な偽物なら安心して使える、とする、洵《まこと》に奇妙な論理がまかり通る。要するに本物志向が希薄なのだ。こんな歪んだ、大阪的合理主義とでも呼ぶべく思考法は、ことブランド物や流行だけに限らず、暮らしの様々な部分にもみられ、大阪人の大きな欠点というべきだろう。

神戸は太平洋戦争末期の空襲で、大阪同様に焼け野原となった。そして、ようやく焼跡状態から復興した昭和二十年代の終りごろから、センター街を中心に、『舶来雑貨店』が何軒も出現した。

扱う商品は化粧品からキャンディまで、日常生活の必需品や少し贅沢品に属するバッグ類など、正に選り取り見取りの態《てい》で並べられていた。ミソは商品総てが舶来品——欧米及び香港からの輸入品であることだった。尤も、サイズのある衣類や履物類は、せいぜいジーンズ、ポロセーター、ブラウス、コインシューズなど、店頭で簡単に寸法を合わせることが出来るものに限られていた。

なにせ、時代は日本製イコール粗悪品、舶来品イコール良質な高級品と信じられていたころで、確かに、売られている商品の質は、国産品と比べて雲泥の差があった。当時の日本人の主な情報源はハリウッド映画か、少し気の利いた人なら、『ライフ』『ルック』『ハーパース・バザー』といった米国の大衆雑誌であった。

そのころよりやや下がると、『男性の三種の神器』などと称して、ロンソンのライター、パーカーの萬年筆、オメガの腕時計が憧れのマトという時代があったが、神戸に行けば安く手に入ったし、その他、他所の都市では入手困難な品も、神戸ではたやすく手に入った。

同じころ、東京では、銀座の夜店やアメ横でも似たような店が乱立したが、品数の豊富さと値段の安さでは、断然、神戸が勝っていた。

当時の舶来品に対する人気は絶大なもので、品物によっては、ほとんどブランド信仰に近いものがあった。だから、週末ともなると、舶来雑貨店は買物客で混雑し、全くの売り手市場の観があった。

戦後の舶来品崇拝時代だけに限らず、高級輸入雑貨を扱う品は戦前からあり、ハイカラという意味で、神戸は戦後の高度成長期ごろまで、日本でも一、二を争う先進地であった。

さて、話の眼目はここからだ。

神戸には、戦前から輸入品を扱う店が多くあったということは、個々の店のオーナーなり番頭が、そうした品物を仕入れるための、選択眼なり鑑定眼を持っていたわけで、その伝統は今日に至っても脈々と受け継がれている。ゆえに、今も、小ぶりながら、これは、という気の利いた品物を並べている店が結構多い。

であることは、客である購買者側も、意識せぬうちに、品物を通じてセンスを磨かれて来たわけで、自然、神戸界隈には、質の良い物を見立て、それを身につける感覚を心得た人が多いということになる。と考えると、先に挙げた表③のデータも頷ける。

こうした経歴を背負った神戸人は、流行にも独自の感性があるようで、大阪のように、烏合《うごう》の衆的に便乗するのではなく、まだ世間ではブランドとして知られていないものを、逸早く見つけ出し、自分のものにしてしまう先進的な面がある。

京都人のブランドに対する意識は、大阪や神戸とはかけ離れている。ブランドなどと、当世風の横文字で表わすよりも、『銘柄品』とか『老舗の逸品』とでも言った方がしっくり来る。

京都は明治元年まで天皇がおられて、都であった歴史が千年以上もある。当然、天皇の住まう御所に出入りを許された御用達商人がいて、食べ物から衣服、日用調度の生活全般に亘《わた》る品々を、それも採算を度外視するほどの銘品を創り出して来た。

因《ちな》みに、御用達の字は、関西ではごようたしと読み、関東ではごようたつと読んだので、どちらでも構わない。

千年以上も営々と存在した天皇家及び御所周辺の公家たちであったが、実のところ、財政的には極度に苦しい時代が多かった。特に徳川期に入ってからは、幕府の締めつけが厳しく、没落貴族の典型のごとき生活を余儀無くされた。

となれば、必然的に御用達商人たちも、御所界隈のお公家さんだけを相手にしていては商売が成り立たず、御用達という付加価値のついたブランド商品として、民間に売り出すことを思いつき、それが見事に成功した。

買う側の京童《きょうわらべ》たちも、品物が良心的で十分練り上げられた銘品であることを熟知していて、「天朝さんとおんなじもん使わせてもろてる」と愛用することで、密かに自尊心を満足させ、場合によれば、友人朋故《ほうこ》へ自慢のタネにもした。

だから京都人は、ブランド品（銘柄品）とはいかなる物であるかを、先祖代々皮膚感覚的に知っていたといえる。

千年以上も続いた都というのは、世界中でもそうザラにあるものではない。都イコール都会とするならば、京都人は世界に冠たる都会人ということになる。少なくとも、日本では、都会人の原点は京都人である、と断言しても憚《はばか》ることはないだろう。

ところが、歴史があまり古くなり過ぎると、ブランド物に対する感性も、些《いささ》か妙なものになって来て、和服にエルメスのバッグなんていう組み合わせも堂々と登場する。

京都人はとてつもなく見栄っ張りである。大阪人の、開けっ広げでええかっこしいなんぞとは桁が違う。見栄の心理が深遠で複雑怪奇、他所者には、ちょっとやそっとでは理解しがたいのである。

仮に、先のエルメスのバッグ、素敵ですねえ」
「奥様のそのバッグ、素敵ですねえ」

と褒めたとしよう。すると、こういう応《こた》えが返って来る。

「嫌やわあ。出がけになって、長電話かかって来たもんどすさかいに、大慌てで飛び出してしもうて、市場用のこんなしょーむないバッグ持って出ることになったんどすえ。羞しおすわあ。そないにじっと見んといとくれやす」

返事された相手が、市場用と聞いて、驚いた表情《かお》でもしようものなら、ご婦人はきっと胸の裡《うち》で、

(この人、エルメスのブランド知らはらへんのかしら。えらい田舎者の阿呆ちがう?)

と呟《つぶや》くか、或は、相手が、

「エルメスを市場用にお使いですか」

とでも突っ込もうものなら、同じく胸裡で、

(エルメスぐらいでびっくりした表情して、この人、安物《やすもん》しか知らんお人やねんな

あ）

と相手は軽蔑されたりする。そして、かのご婦人は、帰宅するやいなや、バッグを長々と丁寧に乾拭きし、タンスの奥深くに仕舞い込む。どちらに転んでも、京都人は一筋縄では行かないのである。

京都人のブランドに関する見栄は、何も手に持つ物だけとは限らない。御用達的感覚で、暮らしの隅々にまで滲み込んでいる。

京都では、デパートといえば、絶対的に大丸なのである。大丸の名がブランドになっていて、東京人の三越好きに近い。ただし、東京人ならば先ず考えられないが、京都人はその大丸にサンをつけて『大丸さん』と敬称のごとくに呼ぶ。どうやら、京都人にかかると、デパートまでにも、人格めいた丁寧さを帯びて来るらしい。

そして、結婚式は都ホテル（これもブランド）でなければ格好がつかず、引出物は大丸さんでなければ、世間体が悪いのである。しかし、これが三十代以下の世代になると、大丸は古臭く、こちらは髙島屋でなければ、友達に格好が悪いそうである。

デパートの銘柄にまでこだわるという話は、大阪人や神戸人の間ではあまり聞かない。特に大阪では、それぞれの地域のデパートがお気に入りであることが多く、

京都・サンづけで呼ばれる『大丸サン』

結婚式は『都ホテル』

店名をブランド化してみるなんて、考えも及ばない。

それから、もうひとつ念の入ったことには、京都人、特に中年以上の人には、大丸サンへ他店の紙袋を持って入ることを気兼ねし、そのためには、他店の袋や包装紙であると分からぬように、わざわざ、更に別の袋に入れて見えなくする人がいるほどである。こうなると、ブランドでありながら、恰《あたか》も大切な箱入り娘か、権威ある貴人の象徴のごとしだ。

# 三◎京都人・大阪人・神戸人　気質くらべ

## 何よりイケズな京都人

京都人の性格の核を成すものは『イケズ』(関西の言葉で、意地悪とか根性悪の意)である。

江戸っ子の中にも、「あいっつあ、意地悪なヤッさ」といった言い方があるし、大阪人の間でも、「あの女《ひと》、イケズやし、気ィつけなあかんで」といった表現を使うが、これらのニュアンスは、割とカラッとしていて、人の表面的な部分を言い当ててはいるが、根深いものではない。

京都人のイケズは、そんな軽いニュアンスではなく、もっとじめじめと陰湿なのである。人間の行動にたとえれば、顔ではにこやかに微笑みつつ、一方、肚《はら》の中では舌を出し、ついでに相手の爪先を踏んづけているようなものである。

京都人はとてつもなく都会人である。逆な言い方をすれば、都会人の原点は京都人にある、と言い切ることも出来る。田舎の村社会とは対極の位置にあるのだ。

都会で暮らすには最低限のルールが必要で、それは、他人の領域に踏み込まないことである。この場合の領域とは、個人の私生活だけに限らず、その意識から地域社会にまで及ぶ。

長い年月、都であった京は、洛中という狭い囲いの中で、生き方の知恵とか意識といったものが、極点にまで磨き抜かれた。『イケズ』は、そんな偏狭なテリトリー社会の中で、人々が、日々気分良く生きて行くための、暗黙の決めごとであり、露骨な行動に出ずとも、それとなく警告のサインを発する、自己防衛の手段でもあった。それが月日と共に、町内会の決めごと的なものが、土地の人間の気質にまで変遷したのである。

だから、他所者が京都を訪れる場合、このことを必修のルールとして心得ておかねばならない。反対に、京風の決めごとをわきまえてさえいれば、京都人は外来者に対してとてつもなく親切で、困ったことがあれば、親身になって世話してくれる。冷たさと温かさが同居しているのだ。

東京の文化人的な人種には京都好きが多い。京を識《し》ったごとくに装い、京にまつわる知識の片鱗でもちらつかせて雑誌にでも書けば、それで結構、全国区的にメシのタネになるからだ。何しろ、諸国には京都好き、京ファンが滅法多いから。

文化人たる彼及び彼女たちは、取材と称して、京へ足繁く観光旅行する。京都人は観光客には寛大である。何百年と観光一筋で生業《なりわい》を立てて来た町だから、常連客として、下にも置かぬ持て成しをしてくれる。そのことはひとつの営業活動であるゆえ、奉仕する側は苦にしていない。ましてや、多少名の知れた文化人なら、恰《あたか》も親戚かなにかのように、個人名を親し気に呼び、ちやほやしてくれる。これとても営業上の作法であるから、なんてことはない。

ところが、彼及び彼女たちは、この行為を、自分のために特別に計らってくれたと勘違いする。もちろん、そこには自身が著名人である、という自惚《うぬぼ》れがあるのは否めない。ついには、「短期間、京都人になってみよう」という気をおこし、しかるべく住居を確保するに及ぶ。京都に住んだことがあるといえば、これはもう立派にマスコミ上で売り文句になるから。

問題はここからである。当人があくまでエトランゼとして振る舞うか、徹底的に辞を低うして教えを乞う姿勢を貫けば、「物好きのちょっと変わった人」程度で済むが、つい慣れと自惚れが手伝い、知ったか振って、京のあれこれの解説めいたことをしてしまう。要するに、相手のテリトリーを侵し、財産の盗み喰いをするわけだ。すぐさま『イケズ』の半鐘が鳴る。

近年もこういうことがあった。さる東京の文化人が、腰掛け程度で京都に住んだ。お定まりのごとく、目次風に「京の美」だの「京の和」だのと、にわか仕込みの知識を発信した。しかも調子に乗って、自分の学識不足を棚にあげ、京の悪口めいたことまで並べたてたのである。

この状況は、本人は気付かなかったのだろうが、整然と作付けされた畑に一羽の兎がいて、好き三昧に作物を食べているが、その上空には、早や獲物を求める禿鷹が何羽も無音で旋回しているの図である。

この種の行為に敏感な京童《きょうわらべ》は、カチンと来たらしくて、禿鷹が急降下するごとく、当人に総攻撃をしかけた。しかも、不幸なことに文化人は女性で、攻撃側も、もちろん女性が中心であった。

日ごろ仲の悪い京女も、外敵《がいてき》に対しては臨時休戦してでも徒党を組む。京女は外柔内剛の典型である。口という武器を使って、四方八方から『イケズ』の毒矢が放たれた。こうなれば打つ手はない。

だが、この一件で、一方的に京女ばかりを責めるわけにはいかない。そもそもの起こりは、エトランゼが京の歴史と仕来りを、柔らかな京ことばに乗せられて、甘くみたからである。事前の勉強が足りなかったともいえる。

京都では、他所者が気安くやって来て、京についてのあれこれを知ったかぶりすることは、絶対に禁物である。下手をすると、京都人だけと限らず、関西人全体をも敵に廻しかねない。特に京都人が嫌うのは、京都的なるものを利用して、マスコミに自分を売り込む人である。この行為は、言わば、「庇《ひさし》を貸して母屋《おもや》を取られる」式の印象を与えるとみえ、多くの京童が嫌悪感をあらわにするのである。

どちらにせよ、京の真髄は、数年間ぐらいその土地に住んだ程度では解かるものではない。京都と呼ばれるに相応《ふさわ》しいだけの奥深さが綿々とあり、そのことを十分理解し、畏敬《いけい》の念に近いものを持って近寄らねば、必ずや、強烈なシッペ返しを頂戴する羽目になる。見方を変えて裏から覗《のぞ》くと、京の伝統美や奥床しい仕来りは、排他性があったからこそ守られて来たともいえる。つまり、この土地では、排他性さえもがある種の美点につながるのである。

ことほど左様に、京都は難しい土地なのだ。

話が突然飛ぶが、幕末、勤王佐幕で京が揺れたころ、勤王方の中核だった長州の志士たちは、京で大いにもてた。筆頭格は桂小五郎（木戸孝允）である。そして、明治維新後も彼らの評判はすこぶる良かった。対して、映画、テレビや小説で人気の高い新撰組だが、京ではいたって評判が悪い。今もって壬生浪《みぶろ》と蔑称されることも屢々《しばしば》である（彼らが、当初、中京区壬生に屯所を構えたことから、壬生の浪士を略して壬生浪とか、場合によれば、浪の字を狼に置き換えて呼ばれたこともある）。

理由は簡単だ。長州人たちは、徹底してエトランゼで通し、祇園などのお茶屋をよく利用したものの、支払いは綺麗で鷹揚《おうよう》だったのと、勤王運動と無関係な庶民を傷つけなかった。比べて、新撰組はお上《かみ》風を吹かせ、威圧的に振舞っただけでなく、お茶屋の踏み倒しや、単に怪しいという理由――自分たちの論理だけで、平気で庶民を斬ったからである。そのため、長州勢には有形無形、様々な味方があったが、新撰組は四面楚歌に近かった。しかも、京の町衆には、意外なほど義侠心に富む人が多いのにも気付かなかった。

こうした京都だが、少々羽目を外しても、『イケズ』の荒波を被らずに済む人種がある。それは方外《ほうがい》の人で、方外とは、江戸時代、世俗から離れ、浮世から超越している職業の、儒者、僧侶、医師、画工などをさし、一般の身分制度から離れた世界の人のことである。そして、現代の方外の人とは、学者と僧侶である。

## 大阪人の本質は、先ずお喋り

古くから大阪は使用人の町だった。伝手《つて》を頼って商家へ働きに出て来て、そのまま家庭を持って居付き、大阪人となってしまった人が圧倒的に多い。その範囲は、江戸期でも五畿内（大和、山城、河内、和泉《いずみ》、摂津《せっつ》の各国）だけに限らず、近江、丹波、但馬《たじま》、播磨《はりま》など今日の近畿一円に及び、更には、四国、九州からも人が集まった。

だから、生粋の大阪人と称しても、先祖をたどって行けば、大阪以外の土地が断然多く、その点では、土着の人の占める割合が圧倒的に高い京都人とは、大きな差がある。奉公人の町だったと呼んでもいい。

大阪の持つ独特の柄の悪さというのは、特に近世以降、あまり上品でない土地柄から来た人の影響が大きいのではないかと推察される。

何にせよ、丁稚《でっち》や女中といった奉公人から始まる彼らの暮らし振りは、洵《まこと》に質素そのもの、衣食住を保障されるだけで、せいぜい盆暮に主家から小遣い銭を貰える程度であった。

となれば、楽しみは食べることと喋ることだけ、ということになり、必然的に会話そのもの自体が娯楽となってしまった。大阪の土地に、語物《かたりもの》と呼ばれる芸能の説教節、祭文《さいもん》、浄瑠璃、浪花節などが発達し、延《ひ》いては落語や漫才にまで及んだのは、こんな背景がある。『食いだおれ』もしかりである。

大阪人のお喋りには、京都人にあるイケズのごとき刺《とげ》はない。反面、笑いの要素は極めて強い。それはそうだろう。商売人の世界では、陰気や陰険は疫病神のごとく嫌われる。

そうした風潮が何百年にも亘って続くと、完全に土着の風土性となり、大阪人全般の気質、それも、ＤＮＡ的領域にまで深く根付いてしまったのは当然だ。饒舌《じょうぜつ》で賑やかお喋りだと、相手の発言に負けぬため、自然に声も大きくなる。

という、一般的な大阪人のイメージも、これらの要素が重なり合って生れたものだろう。

反対に、無口な大阪人というと、世間一般の大阪人的印象から外れてしまい、も

大阪名物〝アホ役〟藤山寛美
（写真提供：松竹株式会社）

うそれだけで、泳げない魚のように、何となく可笑しみが生じ、ギャグ的な存在にすらなりえるほどである。

口数が多いことは、肚の中に一物を溜めにくいことにも通じる。肚の中で謀《はかりごと》や策略などを考えながら喋っていては、到底、饒舌にはなれない。ゆえに、多くの大阪人は底抜けのお人好しである。その上、喋ることに気をとられ、つい他で手抜かってしまうという、間抜けな要素も強い。

往年の藤山寛美の〝アホ役〟などは、大阪人のこんな個性や癖を集約し、一段とデフォルメした人物像であろう。

近年、テレビを通じて、大阪人の柄の悪さばかりが誇張して伝えられているフシがあるが、それは言葉の印象と、その数の多さによるところが大である。

商売の町である大阪にあっては、その第一歩が会話であり、次に求められるのは、感じの良さ——つまり、売り手側である商人の人柄の、相手に与える好印象度である。それはサービス精神と言いかえてもよいもので、結局、大阪人の性格の核を成すものは、商人的な血から来た、このサービス精神ということになるのではないだろうか。

ここで、表④をごらん下さい。

これは、自分が何か発言すれば、その立場が不利になるかも知れない、という折に、黙っているかどうかという興味深いデータである。

表によれば、普段、よく喋る人でも、自分が不利となれば、小利口に黙り込む筆頭は、石川と島根である。その県出身の政治家など想い浮かべると面白い。京都と兵庫（神戸）はほぼ真ん中のグループで、大阪は下位である。どうやら大阪人は、自身の立場が損になっても、言うべきことは言う、という正義感めいたものも強いらしい。

「黙っちゃおれん」とばかり、颯爽《さっそう》と発言するのは、鹿児島と高知である。共に明治維新の雄藩で、片や西郷隆盛、他方は坂本龍馬に代表されるが、特に、鹿児島県人に正義漢が多そうなのは、イメージとして解るような気がする。

**表④**
**【自分の立場が不利になるときは黙っているか】**

| | |
|---|---|
| ① | 石川 |
| ② | 島根 |
| 〜 | |
| ㉗ | 京都 |
| ㉙ | 兵庫（神戸） |
| 〜 | |
| ㊵ | 東京 |
| ㊸ | 大阪 |
| 〜 | |
| ㊻ | 高知 |
| ㊼ | 鹿児島 |

NHK出版『現代の県民気質』より抽出

## 神戸人の腹黒

仕事や勤務地の都合で、大阪や京都方面から神戸へ通ったり、或は、本来が他所者で、腰掛け的に神戸で住んでいる人たちは、口を揃えるようにして、「神戸人には腹黒が多い」と言う。

腹が黒いといっても、由比正雪や天一坊のごとき、天下を騒乱に陥《おとしい》れるといったほど大袈裟なものではない。ちょっとした自己有利のためとか、その場凌《しの》ぎ的に、口先で誤魔化す類《たぐい》の軽いものだ。

なぜそういわれるのかと理由を探ると、神戸人の自信のなさに至る。神戸には、良くも悪くも、京都や大阪のような、町としての歴史がない。ルーツがないということは、根の張らない植物や小動物同様に、その場の情況に応じて、身を避けたり逃げたり、あるときは、相手に迎合したりと、臨機応変に対応しなければならない弱点めいたものにつながる。

となれば、日ごろの大言壮語や自説も、場合によれば、保身のために歪曲せざるを得なくなり、それが神戸人以外の相手にとっては、腹黒と映るのであろう。考えてみれば、神戸は開港して高々百数十年。それでも、長崎、横浜と並ぶ、日本では屈指の外国慣れした町である。

当初は、外国人との会話もさぞ通じ難かったことだろう。通訳といっても、昨今ほど優れたバイリンガルもいなかった筈だ。必然的に手真似を交えた片言会話となる。誤解や齟齬《そご》も生じ易い。すると「私の言ったことと違うことをしている」といった類の問題が起こり、「あいつは信用出来ない」という結果になる。あまり信用出来ない人間、それは『腹黒いやつ』にもつながり、神戸の腹黒は、ひょっとすると、コスモポリタン的な都市の宿命なのかも知れない。

## ❀京都時間とは

『京都時間』なるものがある。同業組合や町の有力者の会合などで、集合時間や開始時間より、三十分ほど遅れて出席することをさす。

沖縄には『沖縄タイム』と称するものがあり、約束や決められた時間があっても、人々は三十分や小一時間は平気で遅れて来て、誰もとりたてて咎めない土地柄からである。これは、南国特有の瑣事《さじ》に拘《こだわ》らない、ノンビリした気風から来たものだが、京都時間はそんな悠長な気分からではなく、もっと深遠《しんえん》な事情がある。

京都人は頗《すこぶ》る見栄っ張りだ。それも、大阪人のように、単純に自分を飾って見せたい類の底の浅いものではなく、古い歴史を背負った、深い人間性や社会性から来たものだ。

見栄を張ることは自己演出の一種である。自分を立派に見せたり、格好づけたりする作為である。

京都人が何かの集まりに出席する場合、所定の時間に間に合わすべく、支度は時計を見ながら十分余裕を持って行う。だが、定刻が近づいても、家又は出先から目的地へは急いで出ない。なぜなら、定刻に着いてしまっては、人間の値打ちが下がるからである。

重要人物や偉い人は閑人ではない。何かと予定に追われ忙しい。京の旦那衆には、そういう大物のごとくに思われたい、と見栄を張る人が多い。だから、さも自分が忙しい人間であるかのように遅刻して行く。

そして会場に到着するや、急に歩速を急がしそうにし、扇子でも使いながら、

「いやあ、すんまへん。かんにんしとくれやす。用事が次から次に出来《でけ》て、分かってながら遅れてしもて……」

といった具合に席につく。当人は貫禄をつけたつもりである。

## 横浜が気になる神戸人

大阪人や京都人は、それなりに、東京という巨大都市の存在を意識しているが、神戸人にはそれがない。比べてみるという気持自体が希薄なのだ。比較材料が無いともいえる。

その一方、同じような港町である横浜の存在は、ある意味でライバル的に意識している。そして、大抵の場合、都合の良い部分のみを比べ、優越感に浸っている。

近年の横浜は、体重が増え過ぎて、身を持て余した相撲取りのごときである。東京からはみ出した人で、人口は膨張の一途。市街区域の拡大で、住所表示が横浜だと思って行ってみると、『ミナト横浜』とは縁もゆかりもない場所だったという所が多々ある。

神戸も似た面があり、港の背後にそびえる六甲山地に連なる山々(その中を山陽新幹線のトンネルが通っている)の裏側(北)へ行くと、新興住宅地が拡がっていて、ここまで来ると港風景とはかけ離れる。それでも、神戸は横浜ほど人口が過密でないため、緑が多く窒息しそうな息苦しさはない。

神戸と横浜の共通点は、幕末から維新期にかけ、開港場として居留地を設け、外国人の滞在を認めたことである。

以後、両者は港町として発展して行くが、神戸はヨーロッパ航路（神戸・長崎・上海・シンガポール・スエズ・マルセイユ）、横浜は通称メリケン航路と呼ばれたアメリカ航路（横浜・ホノルル・ロスアンゼルス或はサンフランシスコ）の発着地であったため、もたらされる外国文化も、自然とカラーの異なるものとなった。

神戸はシックで伝統を重んじたオーソドックスな文化、横浜は若々しく溌剌《はつらつ》とした新興の文化が直輸入された。文化や文明の性格の違いは、輸入される商品にまで及び、以降、夫々《それぞれ》の輸入文化は、土地の人々に影響を与え続け、自然とその地域の風土性をも創造して行った。

かっての居留地の俤《おもかげ》を色濃く残しているという点では、断然、神戸に分がある。横浜が、新規に町自体を造り直そうと努力している風なのに比べ、神戸は古き佳きものを積極的に保存しようとする姿勢が強いからである。

面白いことに、両者には似たような中華街があり、同じ町名の元町がある。スケールの点では横浜の中華街の方が大きいが、観光的な雰囲気の良さでは、神戸の方に軍配が上がる。同じ元町商店街でも洒落《しゃれ》具合では、神戸の方が圧倒的にハイセンスである。

それでも、神戸人は横浜を意識する。

町の成り立ちの宿命ともいえるが、今や両者は、大きく性格の異なった町になってしまった観がある。というのは、近年の横浜は、東京の住宅事情からはみ出した人のベッドタウンと化したのに比べ、神戸は、大阪とは無関係な独自色が強いからである。

住めるものなら、東京の港区、目黒区、世田谷区など、中心部に住居を構えたくても、主に経済的な理由から、到底、条件的に許されない人達が、渋々はみ出して来た様相が強い横浜に比べ、神戸方面は、大阪市域に住みたくない人が、自ら希望して、地価が高いにも拘らず、あえて住みたいとする、町に対する執着心と愛着度の違いがあり、観光面や雰囲気作りの角度からみても、その差は想像以上に大きい。

## 京都人のテレビ好き

京都人は底抜けにテレビ好きだ。けれども、但し書きが付き、彼らが好む番組とは、古都京都にまつわるテーマか、京都を舞台にしたものに限られる。

京の食べあるき、京の宿、京の穴場探訪、京を舞台にしたお手軽ミステリー、名所旧跡めぐり、京の祭等々、京を素材にしたテレビ番組は山ほどある。

テレビや女性誌の世界では、歌舞伎の忠臣蔵ではないけれど、京をテーマにすれば、先ずこけることはない。安全パイなのである。それだけ、全国に京都ファンが多いということだ。

近ごろ特に目立つのは、毎週のごとく放送される『京都何々殺人事件』式の探偵物だ。面白いことに、この種のものを視ているのは、東京人に次いで京都人が多いという説がある。とに角、地元京都での視聴率が高いのは確かである。

彼らは、身じろぎもせず、眼を皿のようにして、我が京都を視ている。なぜなら、画面の隅々に至る些細なことでも見逃せないからだ。

そう、京都人が京都物を視るのは、ストーリーや登場人物とは関係なく、間違い探し、要するにチェックしているのである。恰《あたか》も、番組審議員か考査員のごとくに、京にまつわる表現や描写に誤りがないか、細部に至るまで眼を皿のようにして点検しているのである。

「あの京ことば、おかしおすなあ」とか「あんなこと言うてはるけど、あら嘘《うそ》やし、もっとちゃんと調べて作らはったらええのに」といった塩梅《あんばい》に、番組のチェックやアラを探し出すことで無上の喜びを感じ、楽しんでいるのである。つまりは、見下だすことでの悦びだ。

京風に、ひねくれた見方をすれば、これこそ、真に知的なテレビの楽しみ方といえるのかも知れない。反対に、京都人が絶対に視ないのは、京について誤りのない、完璧な番組ということになるだろう。

その一方、当の京都人がテレビに映るとなると、またまた態度が豹変する。いま仮に、あるテレビ番組の制作クルーが、とある京漬物店に取材のロケ交渉をしたとしよう。もちろん、番組のテーマは、京の旨い物めぐりである。

「うちの店なんか写さはらいでも、他所さんにええお店、なんぼでもおすやろ」

と、さも引込み思案風の、興味なげな態度で応対される。だが、ここで退いてしまっては番組にならない。事情を知ったディレクターやプロデューサーなら必ずもうひと押しする。

「いや、こちらのお店が良いんです。美味しいと評判なことはもう分かっていますから」

すると、店の女主人は、再びこう返答する。

「ほんまに、うちみたいな店でよろしおすんやろか。後で、えらい店写《とこ》してしもた、ということにならはっても、うち責任持てしまへんえ」

やりとりだけを聞いていると、店側には、ほとんどその気(協力する)が無いように思われる。だが、女主人の胸の裡《うち》は正反対で、本当は放映されたくて仕方がないのである。さもその気が無さそうに、徹底して遠慮する。これが京都人の、特に商売人の真骨頂なのだ。

京都人に比べれば、大阪人は単純明快。

「テレビ、ほんまでっか。こらええ宣伝になるわ。うち、どんな協力させてもろたらよろしいんやろ？」

となるだろうし、神戸人でも、

「そうですか、それはおおきに。で、日にちと時間はいつですか」

ぐらいの淡々とはしていても、好意的な返事はくれる。

## あけっ広げと居直りが大阪人の身上

江戸期二百六十余年間を通じて、大阪は天領（幕府直轄地）であった。概して、天領という土地柄は、上から圧さえつける領主（大名）がいないため、自由闊達な気分が強かった。裏を返せば、勝手気儘《きまま》な面があったともいえる。

特に大阪は商売の町で、天下の台所を自負していたから、他の都市に比べ、見かけ上、町人の地位が高かった。たしかに、天領というのは、締めつけが厳しくないだけに、暮らしやすさがある一方、役人（武士階級）不在に近いため、コントロールが行き届きかねた。

だから、俗に「天領は人気《じんき》が悪い」ともいわれ、江戸時代の特徴である、日本風の儒教的モラル、言いかえれば、倫理観に乏しかった。著しく節度に欠けていたという次第だ。

余談だが、困ったことに、当節の日本の政治家や官僚、それに会社経営者に至る、「社会の指導的立場」と称される人の多くが、大阪化しているのは、国全体が、責任者不在の天領的風潮になっているからではないか。

その悪しき伝統のようなものは、現代《いま》も大阪に生きている。思ったことはすぐ口に出す。自分の欲望の赴《おもむ》くまま、我先我勝に行動する。一旦、己れが不利となれば、「さあ殺せ」式に居直る。と並べてしまうと身も蓋もないが、元来、商売にはこれに近い要素があることは否めない。

尤も、昭和三十年代ごろまでは、近江商人の商道哲学である、「造ってよし、売ってよし、買ってよし」の『三方《さんぼう》よし』の精神が伝わり、これが商人のモラルとして堅く守られていたので、大商人の世界では、信用と併せて、必ずしも悪いばかりの風潮にあったわけではない。

商人哲学が地に堕《お》ちたのは、船場に斜陽化の兆しが見え始め、大阪の画期的な変化とでも呼ぶべく、七〇年万博が開かれたころからだ。マスコミ、特にテレビを通じて、大阪的とされるものが、極端にデフォルメ（悪い部分ばかりを）されて伝わったことが、さらに輪をかけ、今では、目の粗い笊《ざる》で悪弊ばかりを掬《すく》い取ったごとき状態になってしまっている。

興味深いことに、隣都である京都や神戸には、こうした大阪的風潮はあまりみられない。

## 大阪人のイラチには、京都も神戸も呆れ顔

大阪人のイラチ（イライラと苛立《いら》つことやせっかちなこと）な性格は、京都人のイケズと双璧をなすといえよう。

神戸人が、所用で二十分の距離の大阪へ行き、用事を済ませて神戸へ帰って来ると、「何と神戸はゆったりしているのだろう」と心底ほっとするそうである。とに角、大阪のイライラセカセカした雰囲気に揉まれると、神経が根本から疲れ、ひたすら「ここから早く脱出したい」と思うそうだ。

京都の私学の女子学生たちの中には、阪急電車や京阪電車に乗って帰る同級生とは、あまり付き合いたくないという人が多い。なぜならば、阪急京都線や京阪は、共に大阪と京都を結び、それに乗って帰る人とは、即ち、大阪方面へ帰ることを意味し、これらの電車に乗って帰る生徒は、すべからくセッカチで、付き合うとイライラさせられるから、気分的に合わない、というのだ。

ところが、不思議なことに、これが大阪人同士だと、互いに相手をイラチだとは感じないらしいのだ。会社などでの大阪人同士の会話でも、「お前はイラチやなあ」なんて言い方は滅多に聞かない。どうやらイラチ同士は不感症で、それが欠点とは

映らないとみえる。

　イラチな大阪人が、大阪を中心にどのように分布しているかは判らないが、少なくとも、阪神間の住人の間で、「大阪人はイラチだから付き合っていて疲れる」などというセリフを聞かないから、案外、神戸市東灘区あたりを境界線に、そこから東側がイラチ分布圏なのかも知れない。

　イラチは、今や現然たる大阪の風土病的性癖である。恐らく、江戸時代からなのだろうが、土佐のイゴッソウや肥後モッコスと並んで、その土地の人を語るに絶対欠かせない要素だといえる。

　そんな大阪人なのに、最近では、テレビなどで紹介される、行列の出来る店と称するだけの、とり立てて美味しいとも思えぬ食物店に、長蛇の列を作っている人がいる。この現象は、行列を作って物を買うことに、マゾヒスティックな悦びを感じるらしい東京人に似て来たと思《おぼ》しく、一種の、大阪人の東京化かとも思われるが、大した味でもないものに、行列を作るなんて、イラチで食通の大阪人としては、名折れというべきだろう。

## 京都人の芦屋観

　大阪嫌いの京都人だが、生粋の大阪人が多く住む芦屋という町に対しては、『芦

京都人の憧れ・芦屋の住宅街

屋』の固有名詞を聞いただけで、惚《ほう》けたようになって、頭の中で桃源郷のごとき別天地が浮かぶそうである。

芦屋が、漁村から町として、開けるきっかけとなったのは関東大震災である。東京の、特に下町一帯のひどい被災状況が報されるにつれ、「人口の密集した都心に住むと危ない」という意識が船場商人を中心に生じ、せめて、家族なりとも閑静な土地に住まわせたい、と白羽の矢を立てたのが、芦屋や御影《みかげ》一帯、つまり六甲山麓の土地である。

当初は別邸風に利用されていたものが、昭和十二年の蘆溝橋《ろこうきよう》事件あたりから、戦争の焦臭《きなくさ》さを感じとった人々が、本宅も芦屋に移し出したことから、今日のごとき住宅地として拡がった。だから、町としては歴史の浅い新参者といえ、いわば戦前の新興地である。

京都人の憧れる芦屋のイメージは、最近の新興住宅地にはない、豪壮な和風建築の、それもステンドグラスが入ったような洋間もある、昭和初期という時代が生んだ和洋折衷の屋敷や、その後建てられた、高級な洋風建築の邸宅などに対するものであろう。

芦屋の町は、歴史がないのが逆に幸いして、町並みが近代的で洒落《しゃれ》ている。因習めいた隣人付き合いが少なく、総体的所得レベルの高い人がまとまって住んでいる。ハイカラ好みで、新しいことに反撥がない。家内工業兼住宅的な町家が少ない。等々は、京都にないものばかりである。

ところが、そんな芦屋なのに、先の阪神・淡路大震災では、中心的な被災地のひとつとなったのだから、世の移ろいとは、洵《まこと》に皮肉なめぐり合せである。

# 四◎京都・大阪・神戸の暮らしぶり

## 相互監視体制の京都

京都は隣人の眼がうるさい土地である。極端な表現をすれば、日常的なことと少しでも違った何かが起こり、他人の眼に触れると、もうそれが細《ささ》やかな変事として、密かに隣り近所の耳に伝わってしまう。江戸時代の五人組ほどではないにせよ、似た面のある相互監視機能が働いている町なのだ。

そういってしまうと、丸で、落語にある長屋の暮らしのごとくに思われるかも知れないが、決して長屋的なのではない。

長屋的なるものは、大阪の庶民住宅の方が遥かに色濃く残っている。こちらは開けっ広げで、言いたいこともひそひそ声ではなく、それも路地に立って堂々と、聞こえよがしに放言するほどの明るさがあり、かつ得意の世話焼きぶりも発揮して、結構人情味に溢《あふ》れている。

が、京都の方は、そんなはしたないやり方はしない。都らしくもっと奥ゆかしいのである。

相互監視の典型例が、西陣の『糸屋格子』窓である。

京都の古い家並みは、徳川時代の行政指導で、間口の広さが制限されたため、俗に『うなぎの寝床』と呼ばれるほどに奥行きが深い。

西陣·箔屋野口の『糸屋格子』窓

西陣·箔屋野口の中庭

左右を隣家に挟まれ、間口が狭いとなれば、当然、家の中は暗くなる。家によっては、台所の部分に天窓を開けたりしているが、それでも暗い。となれば、通りに面した玄関近くに、明かり取りを兼ねた格子窓を開ける。

この格子窓は、建て前としては飽くまでも採光用である。けれども、実際には『のぞき窓』として機能していることの方が多い。特に明治以降、電灯が普及してからは、明かり取りの発想が不要なため、のぞくことのみが目的と化した観が強い。外から光を受けるためのものが、内から眼を光らせる装置に転じたのだ。

のぞき窓は、ヒチコック映画の『裏窓』にも通じる、町内の様々な事情や情報を、当事者にそれと気付かれずに教えてくれる。怪しい通行人が彷徨《さまよ》っていれば、必要な折の目撃談や証言にもなり、それが治安維持の一助となりうる場合もある。

のぞき窓が、一段と有効な威力を発揮するのは、青少年の非行防止である。顔見知りのどこかの子が、妙な服装で歩いていたり、グレた仲間と付き合っているのを見られると、日ならずして何らかのルートで、その父母や親しい人に、「何処そこの誰々ちゃん、このごろ、ちょっとおかしおすえ」とか、「誰々さんとこの子、悪い友達と付き合うたはる」といった具合に耳に入る。

つまり『のぞき窓』は、近所であるからとの安心感よりも、一歩、家の外へ出れば、油断も隙もないという、ある種の緊張感を与えてくれ、都会生活にあり勝ちな、隣りは何をする人ぞ式の無責任さとは正反対の、良い意味での拘束力の役目も果たしている。

京都では、のぞき窓のない地域でも、これに近い口やかましさが生きているため、世間の眼は、即ち、近所の眼であることが多く、それが日常の暮らしの中で、色んな形に機能しているのだ。

## 三都のマンション事情

都会で家を持つとなれば、当節は先ずマンションである。マンションの利点は、戸締りの簡便さと、上階に行くほど見晴らしが良いことだ。

これは案外知られていないが、マンションは上層階に行くと、窓を開け放していても、夏の蚊の害が少ない。蚊という害虫は、一定の高度になると、もう上がって来なくなるからだ。だから、虫嫌いの人は、高層マンションの上の階に住むと被害が少ない。

それはさておき、神戸でマンションというと、眼前、つまり南面に海が見え、背後に六甲山系が望める建物が最上である。海と山に挟まれた町だから、それらが見えないとなれば、あえてマンションに住む必要もないといえるほどだ。ゆえに、当然、見晴らしの良い高層階に人気がある。

大阪も、都心部脱出現象がやや後退し、交通至便な都心のマンションに、人気が出て来ているといわれている。

ウォーターフロントと称する、大川、堂島川、土佐堀川などが眺められる高層マンションなら夜景も綺麗で、高層階に上るほど、その効能があらたかであるため、高い階の方に人気がある。

ところが、京都となると、こんな話や事情が一変する。京都でマンションというと、規制もあって、神戸や大阪の中心部ほどには数が多くない。が、不思議なことに、一階に人気が集中する。とに角、一階から売れて行くのだ。

理由は、当たり前のことだが、一階は地に着いているからだ。京都人は、マンションであっても、一戸建と同じ感覚でみるのである。土地というものに対する執着心が、大阪や神戸とは比べものにならぬほど強いのだ。何とも奇妙だが、実際に、床が地面に着いてないと安心出来ない、という感覚の京都人が多い。

関西では、例年、八月二十二日から二十四日に、町内ごとに地蔵盆が行われる。特に京都と大阪が盛んで、各町内にある石地蔵やその祠《ほこら》の前に、テントや床几《しょうぎ》を設け、灯籠《とうろう》や供物のお飾りをし、主に夕方から、子供たちも加わって、おまつりをするのである。

石地蔵は子供と縁が深いから、子供のまつりともいえ、浴衣がけの小さな子供が、年長者に連れられてお参りする姿は微笑ましい。

これらの世話をするのは、町内会の人たちで、維持も町内会費でまかなわれている。町内の人家が多ければ、それだけ町内会費が豊かになり、まつりの維持も楽ということになる。

**表⑤**

**【都道府県庁所在地別一世帯当たり「信仰・祭祀費」年間支出】**

| | |
|---|---|
| 全国平均 | 21,060（円） |
| 京都市 | 37,436 |
| 大阪市 | 19,977 |
| 神戸市 | 25,642 |
| 東京都区部 | 24,749 |

総務庁統計局「家計調査年報」（平成9年）より抽出

だから、大阪などでは、町内にマンションが出来ると、建築当初の反対運動は別にして、一旦完成すると、それだけ人口が増えるわけだから、「町内の人間が増え、町内費も増えるよって、それはそれでええやないか」となり、旧来の住民とマンション族の間にそれほどの蟠《わだかま》りはない。当然、地蔵盆も住民として一緒にやる例が多い。

しかし、京都ではこうはいかない。

ちょっと表⑤をごらん下さい。

これは信仰や祭祀に関する支出のデータである。言いかえれば、神仏に関わる付き合い費とみることが出来る。

この表では、京都市民の支出が群を抜いて多い。三都の中では大阪の倍近くあるし、全国平均や首都圏と比べても一万円以上多い。『祇園祭』『葵祭』『五山送り火』など、全国に知られる祭や行事だけに限らず、京都では、ほぼ毎日、方々に神仏に関わる行事があるので、何かと支出が多いのも頷ける。

そこで、もうひとつのデータ、表⑥をごらん下さい。

これは「昔からのしきたりは尊重すべきか」について訊いたアンケート結果である。この表でみると、不思議なことに、京都は都道府県中のほぼ真ん中で、大阪よりも大分下位である。

ある意味では、大阪の方が保守的であるとみることも出来るが、古都というイメージからはかけ離れ、一種の期待外れ的な印象すら受ける。そう、これこそが京都人らしいともいえる複雑さで、しきたりめいたことに拘《こだわ》る一方で、心のどこかでは、そうした煩《わずら》わしさから逃れたいと願っているのである。けれども、それは願望だけであって、実際の生活面では、相も変わらずしきたりに縛られているのが実情で、正に本音と建て前の使い分けの典型である。

一位の長崎、二位の広島は、あの原爆被害で、町のありとあらゆるものを失ったこととも関係し、突然消滅した人と人との関わりや、隣人同士の生活習慣を甦《よみがえ》らせたいと願う、同情すべき心情の表れであろう。

さて、話を京都のマンションと地蔵盆に戻す。地蔵盆というのは、特定の宗教団体とは関わりのない民間信仰に近いもので、これを町内で行うことは、町内住民の融和や親睦にもつながる。

しかし、京都では、マンション族（新参者）は、この地蔵盆に参加出来ない所が多いという。

「マンションの人は、本来の住民ではないから、地蔵盆をやりたいのなら、マンション単独でやって下さい」といったニュアンスのことを言われるそうである。

地蔵盆は子供が参加出来るから、マンションの子供も加わりたいのは当然だ。けれども、町内会の意思としては、参加を認められないし、マンション独自に地蔵を持つのも不可能に近い。で、親の実家が京都市内や近郊にある場合は、仕方なく、そちらに里帰りして、子供を参加させるそうである。

となると、表⑤や⑥のデータとは随分矛盾するようにも思われるが、よくよく考えてみれば、京都らしいともいえる。

京都人というのは、古都の景観

**表⑥**
**【昔からのしきたりは尊重すべきか】**

| | |
|---|---|
| ① | 長　崎 |
| ② | 広　島 |
| ⁝ | |
| ⑩ | 東　京 |
| ⁝ | |
| ⑮ | 大　阪 |
| ㉒ | 京　都 |
| ㉟ | 兵　庫（神戸） |
| ⁝ | |
| ㊼ | 滋　賀 |

NHK出版『現代の県民気質』より抽出

や、古くから伝わる生活習慣を墨守することに熱心である。が、それは隣り近所の手前を意識して、自らを京都人らしく見せ、そう振る舞うことで波風が立たない――別な言い方をすれば、神仏に関することでも、義理や体裁がからむと、信仰と関係なく、大《おお》いに協力するポーズをとるものの、個人の気持の中では、「表面だけでも付き合うとかな、近所から何をいわれるやら」と他人の眼を意識したものが強く働いているのではないかと推察される。もっと言えば、京都人には、自らが懸命に京都人らしくあろうと演じている人が多いのではないかと推察される。

新参のマンションの子供を地蔵盆に参加させないのも、「我が家は旧来の京都を守る」意向があることを、隣人たちに示すための、お互い苦しいのポーズではないだろうか。

と考え至ると、どうも、京都人というのは、自らを、より京都人らしく見せようと自縛するあまり、その縄や伝統でがんじがらめになっているのではないか。だとすれば、疲れる話である。

## 三都の住みやすさ比べ

住めばみやことは言うけれど、それは慣れの占める要素が大きく、実際には、満足度の面でも真にみやこ的かというと、必ずしもそうとはいえまい。

表⑦（次頁）をごらん下さい。これは、今住んでいる土地が、住み良いと感じているかどうかの調査である。

都道府県別の調査ではあるが、概《おおむ》ね、県庁所在地と、その県全体の意識差は少なく、特に、兵庫県全域と神戸市などは、全く同一といえるので、表をストレートに比べても問題はないと思われる。

これでみると、神戸市は、住み良さで上位にランクされている。最初の項で述べた「神戸に住んで、大阪で働き、京都で遊ぶ」理想説の、住の部分が立証されたわけだ。

京都と大阪は、ほぼ真ん中のグループと思われ、住民が住み良いと感じている度合いは、可もなく不可もなくといったところだろう。下位の東京から埼玉は、住み良さというよりも、土地に対する執着度の問題である。それに関連して、表⑧をごらん下さい。

このデータは、近隣の住人に対する信頼度調査である。先の表⑦と似て、東京や埼玉は最下位グループである。つまり、東京及びその周辺に住む人は、東京人と呼ばれる地方人が大半で、本来の東京人は、お盆や年末の時期、地方人が帰省した後に残る人のみである。腰掛け的なエセ東京人の集合体の中では、隣人に信頼感を持てというう方が無理だ。

表⑦
【今住んでいる所は住み良いか】

| | |
|---|---|
| ① | 宮崎 |
| ② | 新潟 |
| ～ | |
| ⑧ | 兵庫（神戸） |
| ㉒ | 京都 |
| ㉕ | 大阪 |
| ～ | |
| ㊹ | 東京 |
| ～ | |
| ㊼ | 埼玉 |

NHK出版『現代の県民気質』より抽出
（1996年調査）

表⑧
【近隣の人に信頼出来る人は多いか】

| | |
|---|---|
| ① | 島根 |
| ② | 山梨 |
| ～ | |
| ⑦ | 京都 |
| ㉜ | 兵庫（神戸） |
| ㊹ | 大阪 |
| ～ | |
| ㊻ | 東京 |
| ㊼ | 埼玉 |

NHK出版『現代の県民気質』より抽出

話を本筋に戻すと、表⑧で京都は上位グループに入る。度々述べるように、京都では、京都人らしく振る舞い、仕来りを守ってさえいれば、隣り近所の人たちと、相応に信頼し合って生活出来るということになる。

神戸は中間のグループといえるが、元々がコスモポリタンな土地で、信頼とか近所の義理など、ある意味での日本的な村社会色とは縁遠い、植民地風の土地柄だから、信頼感それ自体に、住民があまり期待を持っていない。言いかえれば、さらりとし、淡々とした気風の町だから、妥当なランクといえよう。

問題は四四位の大阪だ。

これはもう立派に下位グループである。近隣に信頼出来る人がいない町。町内あげて「隣りは何をする人ぞ」式なのだ。

大阪は商売の町だから、慥《たし》かに商売敵《がたき》的な発想があり、商いの上では、敵味方に分かれて策略をめぐらし、同業者同士は互いに競争相手とみて信用しない風潮があった。けれども、それはビジネスの場でのはなしであって、元来、住民同士の感情はいたって下町的で、情が濃く、親切で世話焼きな町であった筈である。

筈といったのは、かってはそうだったのが、ここ数十年間、他所者、主に西日本からの人が増えて、首都圏風になったのである。

お盆や正月の帰省ニュースを見ても、東北方面へ帰る人が多い東京駅に対して、新大阪駅は、断然、西日本へ帰る人が多い。他所者の多い町に、人間の信頼感を求めるのは、到底無理な話というものだろう。

日本を代表格に、東南アジア諸国は、首都やそれに準ずる大都市へ人口が集中する傾向が強い。地方から出て来て就職し、そのまま定住する人で人口が膨張の一途をたどったのだ。日本の場合は、特に首都圏への一極集中が極端である。この傾向は、詰まるところ、国内版の移民現象と呼ぶべきもので、首都圏、大阪などは、今後とも移民が増え続け、必然的に表⑧の傾向は益々強まるだろう。

住みやすさの反対、住みにくさの面では、夏場の京阪神に触れないわけにはいかない。地球温暖化の典型的サンプルが、ここ十数年来の京阪神地区、特に大阪である。ヒートアイランド現象とかで、熱帯夜が延々と続き、今や、夏の大阪は日本一住みにくい町である。猛暑や酷暑の表現では、もう慢性化してピンと来ず、烈暑とか劇暑と新語を作りたくなるほどだ。

東京の方も、年を追って暑さがひどくなっているが、それとて、大阪に比べればまだしもましだ。沖縄から、真夏の大阪へ遊びに来た人が、「こんな暑い所にいては躰をこわす」と早々に退散したというから、その暑苦しさは本物で、極めつきとでもいうべきだろう。

東京には、軽井沢なる絶好の避暑地がある。だが、関西には、それに該当するような一〇〇〇メートル級の高原地帯が皆無だから、劇暑からの逃げ場がない。

近年の軽井沢は交通の便も良くなり、日常的な買物の不自由さもなく、一年を通じて住む人がいるほどである。そして、盛夏ともなると、政財界の主だった人たちに加え、ジャーナリストや文化人まで、日本の知識層とされる人たちが大挙移動し、軽井沢は、恰も、夏場の知的コミュニティと化す。

一般に、猛暑酷暑の時期はざっと三箇月。だが、近年の京阪神地区は、四月下旬から十月中旬ごろまで盛夏と変わらない暑さが続く。クーラーを使うことで、排気熱を大気中にまき散らし、一段とヒートアイランド現象に輪をかけるから、京阪神の夏場は、この間なす術《すべ》がない。

三都の内、暑さの度合いは大阪が一番ひどいが、京都も負けてはいない。古くから京の油照りといわれ、風のない盆地でじりじりと照りつけられる暑さはただ事ではない。神戸は夕凪《なぎ》があるものの、海風山風が吹くから、三都の中ではまだしもましか……。

何れにせよ、真夏の三箇月間、京阪神の人間は誰もが茹《う》だり続け、脳味噌は、日向に置いたチョコレートのごとく蕩《とろ》けて、場合によれば腐敗する。

毎年、定期的に半年近くも頭が惚け、それによって思考能力が低下し続ければどうなるか、考えるまでもない。

この事態は、軽井沢へ避暑出来る東京に比べ、京阪神地区の決定的なハンディキャップとみるべきではないか。

最近になって、大阪では、市内のビルの屋上を緑化し、少しでもヒートアイランド化を喰い止めようとしているが、焼け石に水。まあ、やらぬよりはやる方がよい、といった程度の効果だろう。大阪の場合、明治の時代この方、町の緑化という発想そのものを置き去りにして来たのだから、支払わされるツケは益々大きくなるだろう。

関西の地盤沈下をいうのなら、この際、夏場の暑気を、何か画期的な発想で対応出来れば、案外、「瓢簞《ひょうたん》から駒が出る」ということになるかも知れない。

## 三都、外国人の住み心地《ここち》

神戸は人種民族の坩堝《るつぼ》である。戦前から様々な国の人が住み、人種間のわだかまりもなく、フレンドリーに暮らして来た。

外国人の少ない地方では、考えも及ばないだろうが、神戸では、市民の日常会話の中で、外国人の姓名が日本人と同様に、ごく気軽に口の端にのぼる。つまり、外国人であろうと、普通のありふれた市民なのである。

当然、外国人のための食材店も、中華料理、朝鮮料理、インド料理といった風に専門店が充実している。宗教だって、イスラム寺院までもちゃんとあるし、教育も国際スクールがある。

神戸は、物価も三都の中では、特に衣類や食品など日常雑貨的なものが比較的安く、外国人が店主である良心的な店も多いから、異国の人にとっては、住みやすさという面で、日本でも一、二を争う土地であろう。

だから、人種的な偏見や差別区別の意識もなく、真の意味で国際都市である。外国人とうまく付き合うには、必要以上に、他人の私的領域に踏み込まないのがコツであるが、神戸人はそのあたりのコツも心得ている。反面、それが、神戸という町に感じる、淡白さにもつながるのだろう。

大阪も、近年は外国人が増えたが、特に東南アジア系の人間が多いように思われる。大阪人というのは、神戸人とは反対に、外国人となると必要以上に親しくしたがる面がある。特に、相手が片言の妙なイントネーションにせよ、大阪弁らしきものを喋ると、もうそれだけで喜んでしまい、「あいつは大阪通や」とばかり、年来の友人のごとく振る舞う人が多い。

大阪弁とは奇妙な言葉で、特に外国人がそれを使うと、えらく親日的（この場合は親大的とでも呼ぶべきか）に感じられる。なんとなく、首までどっぷり、大阪という土地に浸かり切ったごとくに見えてしまうのだ。

大阪独特の猥雑さと、四月下旬から十月中旬までは夏と呼んでもいい気候は、全く東南アジア的であるから、環境条件としても、東南アジア人には合っているのかも知れない。

ただし、近ごろは、こうした東南アジアからの不法入国者や不法残留者が増え、大阪に首まで浸かって姿を潜め、裏社会を構成して、無法者ぶりを発揮している輩《やから》がいるのも事実である。

京都に行くと、外国人事情も随分様変わりする。

京都で外国人といえば、明治初期の〝異人サン〟的な人をさす。異人とは異国人の略で、幕末から明治のころ盛んに使われた言葉であり、現在《いま》も、異人館などの字句に名残りがある。狭義での外国人をさし、往時来日した欧米人の内、主にアメリカ、イギリス、オランダ、フランス、ドイツなどからの人を総称して異人と呼んだ。

当時の日本人にある異人のイメージは、錦絵にも描かれた、背と鼻が高く、金髪又は紅毛の碧眼《へきがん》で、赤ら顔の白人と決まっていた。外国人を見たことのない人でも、絵から受けた印象で、一層そのイメージを強め、日本人とはかけ離れた人相風体の人間、というのが異人の通り相場のごとくになっていた。だから、東南アジア系、アフリカ系、アラブ系などの人は、〝異人サン〟には入らないのである。

そして、相対的に〝異人サン〟は歓迎され、特に、京の町家にでも棲《す》み、邦楽や茶道華道といった純日本的なものを嗜《たしな》もうとする人は、大切に扱われて大いに歓待される。

ゆえに、〝異人サン〟に該当する外国人にとっては、京都は極めて居心地の良い土地で、「ニッポンハイイ国デス。キョウトハ最高デス」となる。手っ取り早く申せば、京都を愛する〝異人サン〟とは、一種の『方外《ほうがい》の者』なのである。

作務衣《さむえ》や紬《つむぎ》の着物を着て、印伝《いんでん》革の手提《てさげ》袋でも持ち、雪駄を履いた〝異人サン〟が京都を歩いていると、土地の人は「京を愛する好ましい外国人」と見る。が、これが神戸や大阪なら「変なヤツ」と白い眼で見られる。

京都では、〝異人サン〟的な外国人は住みやすいが、それ以外の外国人にとっては住みづらい。

## 異人館は神戸人でも憧れ

神戸で最もポピュラーな観光名所といえば、北野町の異人館街である。異人館とは、考えてみると妙な名だが、要するに、植民地住宅、コロニアル風建築のことである。

異人館の多くは明治時代に建てられたもので、もちろん、木造建築である。同類のものは、長崎の観光名所グラバー邸などがあるが、本来の建築主である、ヨーロッパ人や中国人の祖国の建築スタイルとはやや違う。

十九世紀から二十世紀中ごろまで、東南アジア諸国はタイを除いて、大抵はイギリス、フランス、オランダ、ドイツ、スペイン、ポルトガルなどの植民地であったから、主人たる彼らは、母国の建築様式に、熱帯性気候を考慮した、通気性に富む

神戸人も憧れる『異人館』

西洋と現地の折衷建築を創り出した。比較的似たものに、初期のアメリカや南米諸国の建物がある。

中でも、カソリック系の国の人は、母国の風習として、魔除けの呪《まじな》いに、ドアや窓枠、鎧戸《よろいど》などを緑色に塗ったから、日本人の眼から見ると、ファッションとして随分エキゾチックに映った。木造の植民地用住宅が、即ち西洋建築の典型のごとくに思われてしまったのは仕方のないことである。

神戸の異人館は、そんな植民地からやって来て、神戸に居付き、貿易などの商売をした人たちの遺品である。木造のため、経年からの傷みも劇《はげ》しく、特に、阪神・淡路大震災ではかなりの被害を受けたが、重要建築物指定が多いため、今では立派に修復されている。

異人館が神戸の町の風光に似合うのか、或はその逆なのか、どちらにせよ、山と海と坂の町神戸にはコロニアル建築がよく似合う。そして、神戸人自身も異人館が好きだ。注文建築なら、「異人館風に」とでも頼めば分かりやすい。

そんな理由もあって、神戸には大なり小なり、コロニアル建築風の影響を受けたデザインの家が多い。となると、町全体も一段と異国情緒が濃くなり、外国人が住みやすい町と感じる気分も増すのだろう。

## 三都全部に住んだ人

住むのなら神戸が良いだの、京都は風情があるから一度は住んでみたい、などと希望を並べてみても、思い通りに実行して、京都、大阪、神戸の全部に実際住んだという人は稀有《けう》であろう。

勤務地の都合などで、偶然そうなった例ならあるかも知れないが、これは住む楽しみのためとはいえない。ましてや、京阪神の、それも住宅地として、一等地と思《おぼ》しい場所となると、滅多なことでは実現出来るものではない。

だが、世の中には、その稀有なことを実行してしまった人もいる。

文豪谷崎潤一郎がその人である。彼は文芸界で成した業績から、大谷崎とも呼ば

『細雪』執筆中の谷崎潤一郎
（写真提供：毎日新聞社）

れるが、『細雪《ささめゆき》』『卍《まんじ》』『蓼《たで》喰ふ虫』『春琴抄《しゅんきんしょう》』『鍵』など後期の代表作とされるもののほとんどを、関西に住んで、素材も主として阪神間に採り、執筆した。

谷崎は大正十二年（一九二三）の関東大震災を静養先の箱根で体験し、住んでいた横浜方面は全壊だろうと考え、箱根から三島方面へ出て、うまい具合に運航されていた汽船に乗って、そのまま航路で大阪へ難を逃れた。

東京方面の様子を見るため、一旦は戻るが、暫くして関西移住を決意し、以来、晩年近くまで、京阪神を転々と移り住むことになる。

面白いのは、その代表作には、華麗ともいえるほどふんだんに、船場言葉が登場するが、彼自身、肝心の大阪に住んだのは、

京都左京区・法然院にある谷崎潤一郎の墓

天王寺区の下寺町辺りぐらいで、他は、大戦末期、岡山の津山方面へ疎開したのを除いて、阪神間と京都であった。

　阪神間は、芦屋を中心に、東は西宮の夙《しゅく》川《がわ》、西は神戸の東灘区あたりの間で、何度も転居を繰り返した。いわゆる、戦前、阪神間の別荘地と呼ばれた海辺寄りの一帯である。戦後は京都に移り、岡崎や下鴨といった高級住宅地に住んだが、東京人であった谷崎が、よくもこれほど、と思えるほど恵まれた環境の土地を選べたのは、逆に不思議なほどで、現代では、よほど経済的な条件が許さぬ限り、不可能なことである。

　そして、一層興味深いのは、大の京都好きであった谷崎ですら、晩年に至ってからは、夏の猛暑と冬の『京の底冷え』に悩まされ、最晩年は、気候温暖な熱海や湯河原方面へ引っ越したことである。

慥《たし》かに、昭和四十年代前半ごろまでの京都は、冬の底冷えが名物と呼べるほど厳しく、夜など、路上に立っていることすら辛いと感じられるほどであったが、近年は、温暖化のせいで、冬の厳しさは薄れ、夏の酷暑のみが、一段とひどくなって残っているようである。

# 五◎三都の泣きどころ

## 京都人の東京コンプレックス

明治維新の折、天皇を東京に奪われたと知ったときの京都人の怒りは凄まじかった。政府首脳も京都市民の感情を考慮して（実際は、反対を唱える京都人が、暴徒化しそうなのを恐れ）、東京遷都という言葉を一切使わず、天皇のちょっとした外出を意味する、『行幸《ぎようこう》』なる用語で押し通した。ゆえに、今もって、天皇は京都から東京へ、気軽な旅行をされているだけの体裁になっている。それにしては、東京での滞在が随分長い。

だから、京都人の中には、自虐を籠めて、「天皇さんは、ちょっと東京へ貸したあるだけや」と冗談にする人もいる。

片や、明治政府も、京都から実質的に都であることを取り上げた負い目もあって、京都人に対しては、破格と思えるほどの慰撫工作をした。

天皇不在のまま放置しておけば、旧都はたちまちにして寂《さび》れることを危惧し、当時としては膨大な予算を京都に投じた。舎密《しやみ》（化学）局設置、学校制度の充実、ガス灯や路面電車、琵琶湖からの疎水《そすい》や、それを利用したインクラインなど、日本初とかそれに近い事業が次々と行われた。

それでも、京都に天皇なくしては、「かっては都であった」としか言いようがない。こうした歴史上の諸事情もあって、今も京都人は、東京という町に対して、恨みがましさを抱いている。まんまと自分たちの王将を盗まれたというわけだ。

その怨念めいたものが、東京への面従腹背《めんじゅうふくはい》的な態度となって残り、一段と複雑さを増し、コンプレックスと化してしまった観がある。

こうした経緯《いきさつ》があるせいで、京都人の中には、東京へ行くことをひどく億劫がる人がいる。旅をすることが気重なのではない、それが証拠に、名古屋となると気軽に出かける。今や首都となった東京へ行くこと自体に気後れするのだ。箱根を越えて東下りすること自体に位負けするとは、丸で、江戸時代の西国の田舎侍のごときではないか。

ところが、東京厭《ぎら》いである筈の京都人が、一旦上京したとなると、逸早く、妙ちきりんなイントネーションの東京語を操る。一聴して「私は東京人ではありませんと宣言しているようなものであるのに、当人はそれと気付かず、しかも、なるべくなら、京都人であることすら知られまいとする。不思議な心情である。

少なくとも、大阪人や神戸人には、それに似たようなコンプレックスはない。

## ジャイアンツファンの京都人

意外に思われるかも知れないが、京都にはジャイアンツファンが多い。それも隠れファンではなく、堂々と「巨人ファンです」と公言する人が多い。東京に怨念のある京都人なのにである。

世間一般には、関西、特に大阪イコール『阪神ファン』と思われ勝ちだが、決してそうではない。大阪市内やその南部にかけては『近鉄ファン』が多いし、神戸人に至っては、タイガースの本拠地は甲子園（兵庫県西宮市、つまり阪神間）だから、タイガースは神戸が本場であると言い張る人もいる。

関西イコール阪神の世間的イメージを、もう一歩煎じ詰めれば、大阪イコール阪神となる。慥かに、上昇気流に乗っているときの、阪神ファンの応援振りは、一種独特な熱狂振りで、大阪的といえるし、ファン人口の層からいっても、大阪人が多いのは間違いない。

だが、京都人にとっては、タイガースが大阪的で、限りなく大阪色が強いゆえ、タイガースが好きになれないのである。

度々述べるように、京都人は、東京厭いである以上に大阪厭いである。だから、図式的に、アンチ大阪・イコール・アンチ阪神となり、もう一段進めて、巨人ファンとなることで、大阪厭いの旗色を一層鮮明にしているのだ。

加えて、ジャイアンツには京都人が好む要素が多い。スマートで紳士的、適度にホットで適度にクール、建て前的なことをきっちり守って品位が良い、等々。

逆の見方をすれば、阪神、特にそのファン層のイメージは、異様にパワフルで泥臭いほど熱狂的、正に贔屓《ひいき》の引き倒しといわんばかりの声援振り、応援グッズと称する商品の虎縞模様のどぎつさ、とあげると、どれも、気位いの高い京都人の趣味には合いそうもない要素ばかりだ。

詰まるところ、京都人が大阪厭いであることとは別に、あのタイガースとファンが持つある種独特のカラー自体が、京都的なるものとかけ離れているのである。反対に、ジャイアンツとそのファンが持つ雰囲気は、都人《みやこびと》の嗜好にもはまるのだ。

結局、人気カードの巨人・阪神戦というのは、東京対大阪の代理戦争とは別に、京都人にとっては、厭《いや》な連中同士が戦っていて、どちらが負けようが、それはそれなりに気分が良いという、冷笑に満ちたブラック・ジョークのごときものではなかろうか。

## 大阪は関脇

江戸と大坂を並べ立てて、あれこれとランキング風に見立てるのは、喜多川守貞の『守貞漫稿《もりさだまんこう》』に代表されるがごとく、江戸時代から盛んに行われた。

どうやら、東京と大阪を並べ比べてみるのは、古くからマスコミの常套手法であったらしい。ということは、東京と大阪（江戸と大坂）という町が、東西両横綱的に相並び立てられる要素や規模、今風に言えば、バランス・ウェイトとして適当であったというわけだ。

その感覚は今も残っていて、何かというと、東西比較がなされるが、風土性や気質面や風俗での対照ならば適当かも知れないが、こと経済が絡むと、比べること自体にあまり意味がない。

大阪人は京都人ほどには、東京に対してコンプレックスじみたものを抱いていない。が、その代り、江戸時代の延長風に、東京に向けての対抗心が強い。関西の地盤沈下説も、東京という大都会があってこそ成り立つ話で、いわば、大阪にとって、東京は梃子《てこ》の支点のごとき存在なのである。そして、この支点は不動だ。

人口面での日本の都市ランキングは、枠外に別格的巨大都市である東京があって、次に地方都市第一位の横浜がある。そして、地方都市第二位が大阪なのだ。

これを角界風に見立てるならば、東京は正横綱、横浜は大関、大阪は関脇といったところで、神戸になると前頭クラス、京都は力士ではなく、立行司か勧進元といったところである。

ただし、横浜は、躰の大きさだけにものをいわせ、破竹の勢いで伸《の》して来た新興大関で、大阪は、何度も横綱の呼び声が高かったのに、体調不良や負傷休場が続き、不運にも大関から関脇に陥落した関取りといったところである。けれども、世間には、輝かしい往年の名大関時代を悉《し》っていて、その栄光が忘れられずにいる人が大勢いる。

有り体《てい》に申せば、大阪が相応に東京と張り合えたのは、東京都が東京市と呼ばれていた時代までであろう。

戦時中から戦後にかけて、国策として、政府は大規模な経済統制を実施した。その中には、大阪が商都として立ち行く上で、武器となり得る筈の、ある種の自由裁量権が多くあった。言いかえれば、才覚（知恵）の出し甲斐があった。戦後、新生日本となって、改めて独立した後も、数多《あまた》の統制力だけは、許認可権といった形式で、政府（中央官僚）に残された。

これでは、スポーツの球技で、足枷《あしかせ》を嵌《は》めてプレーしろといわれているようなもので、ゴールに近い東京の方が、有利になるのは当然だ。

そうした意味で、大阪は太平洋戦争によるハンディキャップから立ち直り、国家権力の呪縛《じゅばく》を解かれたとは言い難い。

先の角界見立てに戻るが、相撲好きの間では、関脇が活躍する場所は面白いといわれている。その話を額面通り受け取れば、ここ数十年間の日本場所は、さっぱり盛り上がらない。

ふた言目には、ＵＳＪ（ユニバーサル・スタジオ・ジャパン）による経済効果だとか、タイガースが優勝すれば、それがもたらす波及効果云々《うんぬん》、などと試算しては、一喜一憂する大阪だが、この状況は、正にイベント頼みの体質で、時代後れも甚《はなはだ》しい。遊園地や野球は一過性が強く、浮き沈みが激しい。それに大きな期待をかける思考自体が、客寄せのためのアトラクションにだけ頼り、肝心の本題がないのと同じで、地力がないと告白しているようなものだ。

商売人（企業）というものは、利益と付随したメリットのない場所には出店しない。だから、商人はそれを求めて、好きな所へ移動する。現状の関脇大阪は、このメリットという条件に欠けている。

大阪が、往年の名大関に返り咲けるのはいつのことか。久し振りに、そろそろ大関の真骨頂であった、世間をアッといわせるゲリラ性を帯びた、斬新な得意技を発揮して欲しいものだ。

## 割切った神戸人

神戸の町は、兵庫県という広い県域の県庁所在地であると同時に、全く別の独立したコミュニティを構成しているように映る。

地方都市でも、全国十指にランクされるほどの規模になると、行政の当事者は別にしても、大なり小なり東京の動向を意識するものだが、神戸に関しては、それがあまり感じられない。我が道を行く式に、超然としているのだ。一地方都市として、割切っているともみえるが、それでいて、田舎臭さは全くなく、逆に、都会的で国際色も豊か、スマートさでは他の都市にひけをとらないから、かえってそんな雰囲気が魅力となり、首都圏からすら、観光客がある種のロマンを感じて訪れるのだろう。

都市の規模も大阪程度になれば、好むと好まざると、東京の存在を意識せざるを得なくなるが、神戸クラスの町なら、首都圏を度外視して、独自色を出しやすいのかも知れない。

かって神戸市は『株式会社神戸市』と呼ばれて、恰《あたか》も民間企業かと思《おぼ》しいほどの手法で、数々のプロジェクトに手を拡げた。そして、全国自治体の注目の的となり、関係者の見学がひきもきらないという盛況の時代があった。高度成長期からバブル期にかけてのころの話である。

それらの事業のうち、成功したものもあれば失敗したものもある。ほどなく、平成大不況と地震が同時に襲って来た。

プロジェクトの中でも巨大なものは、六甲アイランドと神戸空港の両海上埋立造成工事である。六甲アイランドの方は完成しているが、投下資本を回収出来るほど、高収益をもたらす事業主の誘致には成功していない。神戸空港の方は、今もって賛否両論が渦巻いているが、工事は続行中で、吉と出るか凶と出るかは判然としない。

何れにせよ、成功すれば良いが、不発となれば、市民に被さってくる負債は莫大なものになり、一地方都市神戸に、全国の注目が集まることだろう。

バブル崩壊による不況被害は全国共通だが、神戸にはその上、阪神・淡路大震災というとんでもない不況材料がある。こんな二重苦を負わされた大都市は他にない。これだけは、割切れといわれても、割切りようがなく、見えない水面下に延々と負の遺産が横たわっている。

## 三重苦の神戸人

前項でも触れたが、神戸は阪神・淡路大震災の中心地である。

しかし、他所の人が、そんな災禍があったことをうっかり忘れ、中心部の繁華街を歩いてみると、大地震に襲われた町であることすら気付かないだろう。それほど見事に復興している。これは、主に地元の商店主たちの、文字通り血の出るような努力の賜物である。

神戸は、店も客も、親子二代に亘って付き合っている例が多い。それだけ互いの信頼関係が厚く、商店というものの持つ、昔ながらの良さが残っている証拠ともい

震災から復興した神戸の中心地

える。

常連客が多いから、一見客《いちげんきやく》には素っ気ないかというと、決してそんなことはない。常連も一見も同じように扱っている。この辺りが、神戸が国際的な都市とされるゆえんだ。

神戸は大規模な安売りチェーン店があまり幅を利かせていない町でもある。店主の眼くばりが、仕入れから値付けに至るまで、行き届いた店が多い。ゆえに、バーゲンセールも、よくあるバーゲン用の商品を大量に仕入れ、叩き売りする商法ではなく（もちろん、そんな店もあるにはあるが、神戸的とはいえない）、店にあった普通の品を、時期に合せてセールする店がほとんどである。当然、お買得品も多く、本物のバーゲンセールといえる。

そして、大阪や京都に比べると、食べ物に至るまで、相対的に物価が高くない。中身と値段がほどよく釣り合って、良心的な店が多いといえるだろう。

だが、現在《いま》その神戸の店の主人たちが、数々の悲劇に見舞われている。

震災後、復興した繁華街を、神戸に土地鑑のある人が歩くと、以前からあった老舗の店構えも、新装開店風に化粧直しして健在なのに気付く。が、よく見ると、店の位置は同じなのに、肝心の店が一階にはなく、他の業種の店や事務所になっていることがある。

あの老舗は無くなったのか、と仔細に眺めてみると、当の店は二階で営業している。つまり、一階は他人に貸して、本来の家主は二階で商売しているのだ。うっかりすると、廃業したのかと見過してしまいそうなくらいだ。

なぜこんな事態に至ったのかというと、銀行からの借入金のせいである。震災で破壊した店舗を新しくするには、大抵の場合、資金を銀行から借り入れねばならない。

貸し手である銀行は、体力の弱った事業主をみて、厳しい返済条件をつけて来る。それは再建された建物の一階を、テナントとして他人に貸し、月々必ず一定の家賃収入があるよう約束指導するのだ。

こうしておくと、銀行側からすれば、万一借り手側の返済に遅れが出そうな場合でも、一階からの家賃収入を押さえることが出来るから安全である。必然的に、家主である事業主は二階で営業せざるを得ない。

その上、大抵の店主は、自宅は店と別の所に構えている。といっても神戸であることに変わりはない。となると、その自宅も地震で被害を受けた確率が高い。だとすれば、こちらの修復にも資金が必要となる。

こうなれば、店と自宅のダブルパンチである。更に、地震以前からの平成大不況が、地震後一段と厳しくなったので、トリプルパンチといえる。

現在《いま》、全国で最も悪条件下にある商売人は、神戸の人たちではあるまいか。こうした事情を悉《し》って、再建なった綺麗な街並みを眺めてみると、神戸人の健気《けなげ》さがひしひしと伝わって来る。

# 六◎京都・大阪・神戸　味覚くらべ

## 京の『老舗』『名代』は評判倒れ

歴史の重みがあるのが強味で、京都には『老舗』や『名代』を自称する食べ物屋がやたら多い。

老舗とか名代などの肩書きや冠《かんむり》を付けるのに、法的な規制はないだろうから、勝手といえばそれまでだが、京都には、この二文字と『京都』の地名に凭《もた》れた食べ物商売が、幅を利かせ過ぎているように思われる。

その種の店は、観光ガイドブックや女性誌の特集に常連のごとく紹介されている。知名度が上がれば上がるほど客が増える、という商業主義の原則を踏まえて、店側が積極的に協力するから、結果として、同じ店ばかりが登場することになる。

当然、その反対として、知る人ぞ知るという店ながら、マスコミに登場しない店も沢山ある。大抵は、店主に見識があり、下手に紹介されると、興味本位の客が押し寄せ、店の味が落ちることを恐れて、取材を拒否するからだ。良識ある態度と呼ぶべきだろう。

さて、肝心の味の方だが、頻繁に紹介される店ほど概《おおむ》ね不味い。有名だからと期待が大き過ぎるのかも知れないが、食べてみて「なんだ、この程度のものか」と落胆させられることがほとんどである。『評判倒れ』とは正にこれをさす。

PHP文庫
http://www.php.co.jp/

# 世の中

世の中はいい先生である。寛大なところはあるが、最後には正邪をちゃんと弁えている。だから馬鹿にしてはいけない。すじみちの通ったことはやはり通してくれるのである。

——松下幸之助『大切なこと』ＰＨＰ研究所より

その上、料理屋などの場合、値段に比べて量があまりにも少ない。隣りの大阪に比べても、ものによると半分ほどの例すらある。土地ではこれを「上品」という。京都は和食の本場である。料理の発達の一翼をになうのが公家社会であっただけに、味わう以前の見た眼を重視する姿勢が濃厚だ。要するに、盛りつけと器が勝負なのだ。愛《め》でる料理ともいえる。

それが極端に趨《はし》って、現在《いま》では雛人形の飾りつけ、それも、江戸時代に流行した極小の芥子雛《けしびな》を連想させるほどの、ちまちまとした盛りつけになってしまっている。ここまで来ると「上品」とか「優雅」と感心してはいられない。単なる量目不足だ。意地悪くみれば、材料をケチっているとすら映る。

一部で知られている古くからの笑い話だが、こんな京料理を出されたアメリカの観光客が、全部の品を食べ終えた段階で、「ところで、オードブルは素晴しかったけど、メインディッシュはいつになったら出るんだい」と不思議そうに訊ねたというのである。

欧米人に比べて少食の日本人ですら、量が足りないと感じるほどだから、大いにあり得る話である。

味はもうひとつ、値段は超一流、分量が少ない、良いのは雰囲気だけとなれば、食べ物商売としては何をかいわんやである。

ところが、ここからが奇怪なのだ。

これらの不満を、事情通博識の京都人の前で並べると、いちいち尤《もっと》もであると頷いた上で、こんな応《こた》えの数々が返って来る。

「あの店、この前、先代の主人が亡くならはって、代がかわりましてなあ。息子はんも頑張ってはるさかい、今ちょっと味落ちてるようどすけど、そのうち良うなりますやろ」

「ああ、あそこの店なあ。古い店やさかいそんな筈ないんやけど……。ひょっとして、食べはった日、何ぞ板場の調子悪かったんと違うおすやろか」

「へえ、そうどすか。けど、あの店やったら、××（料理名）を食べはらんと、〇〇（料理名）の方注文しはったらよろしおしたのに、あそこの名物は〇〇どすさかいに」

といった具合に、丸で自分の身内の不祥事でも庇《かば》うがごとく、熱心に弁護するのである。その熱意も、名代や老舗と呼ばれる店に対するほど強い。

京都人というのは、歴史や伝統を背負ったものには、格別に親心めいたものが働くらしい。同じ京都人同士というだけで、非難や悪口めいたことを聞かされると、たちまち度を越した身内意識が生じるとみえる。なんとも不可解である。

これに比べると、大阪人は不味い店だと報告されれば、「けしからん店やなあ。

そんなとこ何れ潰《つぶ》れまっせ」とすぐ同調するだろうし、神戸人でも、「評判悪いこと聞いてます。今度食べはるときは、○○（他の店名）へでも行きはったらどうです」と自分の知っている店ぐらいは教えてくれる。大阪人も神戸人も、同郷だからと、格別に庇うようなことはしない。商人道に厳しいともいえる。

京都の食べ物に関しては、ゆめゆめガイドブックや食味評論家的な言は話半分にし、鵜呑みにしないことである。そして、京都で何か食べたいときは、予《あらかじ》め京都人の知り合いに訊いておくか、案内してもらうことだ。

## 京阪神の人は何を食べているか

巷間伝わるように、総じて関西の食べ物は旨い。同じ品物でも、全国平均を上回る味のものが多いと言いかえてもよい。

たとえば、出汁《だし》の素である昆布を煮出すにせよ、単品では済まさず、更に別の材料を足すといった塩梅《あんばい》で、醬油と塩だけでこと足りるといったような方法は決してしない。必ず、旨味や味の深味を重視する。

そんな土地だからこそ、関西人は平均以上の味のうち、つまり、味覚の上下幅としては狭い中で、旨い不味いについての評価が厳しい。あえてその部分を拡大して、根掘り葉掘り値踏みしたがる。

故に、高級料理は旨く、大衆料理はまあまあ、といった妥協をしない。高級なものは特別旨くて当然だし、大衆的なものでも相応に旨くなければ失格である。こと味に関しては、日本一辛辣《しんらつ》な土地だ。

さて、その京阪神三都の人たちは、日々何を食べて暮らしているのだろうか。表⑨から表⑪までをごらん下さい。これは肉類、魚介類、野菜類の地域別消費嗜好を表わすものである。

関西人は豚肉をあまり好まず、牛肉に偏重し勝ちであるが、大阪、神戸、京都が上位を占めている。魚介類も京阪神が群を抜いてよく消費するのが分かる。だが、野菜となると、神戸と京都は中間ぐらい、大阪に至っては下位グループといえる。

京阪神の人は、肉魚をよく食べる割に、野菜はあまり食べない傾向にある。京都には、京野菜と称する、独特の品種改良された野菜があるにもかかわらずである。どうも、京野菜は、即名物の漬物になってしまう

**表⑨【肉が一番好きな土地】**

| | |
|---|---|
| ① | 大　阪 |
| ② | 兵　庫（神戸） |
| | ～ |
| ⑥ | 京　都 |
| | ～ |
| ㉗ | 東　京 |
| | ～ |
| ㊼ | 島　根 |

NHK出版『現代の県民気質』より抽出

のかと考えたくなってしまう。京阪神の食生活を栄養学的に考えれば、ややアンバランスとみられる。

肉と魚に片寄り勝ちなのは、動物性食品は、特別な加工をしなくても、それ自体に関西人の好む旨味が多く含まれているからではないだろうか。そういえば、京都の野菜料理には、呆れるほど手の込んだ加工を施したものが多いのも、香りや歯ざわり以外、強い旨味を持たぬ野菜を、素材の個性を生かしつつ、なお旨味を強調するがためであろう。

京阪神でも、特に大阪人の中には、「栄養を考えて、不味い物を喰って長生きするより、短命でも旨い物を喰う方がいい」と広言して憚《はばか》らない、文字通り食い倒れ的な人が多いから、野菜を好まない傾向も、確信犯的なのだろう。

そこで、京阪神の人たちの、家計の中での食費に対する割合、いわゆるエンゲル係数を示すのが表⑫である。

一位二位が京都と大阪で、兵庫（神戸）も中より上位である。国民の平均所得が低かった時代は、エンゲル係数が高いのは、ビンボーな証拠といわれたが、所得事情がすっかり変わった昨今、矢張り京阪神は、食べることに贅沢な

**表⑩**

**【大都市圏における魚介類の月間平均消費金額】**

| | |
|---|---|
| 京浜 | 9,754（円） |
| 中京 | 8,503 |
| 京阪神 | 10,320 |
| 北九州・福岡 | 9,403 |

総務庁統計局「家計調査年報」（平成9年）より抽出

土地であると断言出来るだろう。

**表⑪【野菜が一番好きな土地】**

| | |
|---|---|
| ① | 山梨 |
| ② | 群馬 |
| ⌇ | |
| ⑭ | 東京 |
| ⌇ | |
| ㉒ | 兵庫（神戸） |
| ㉔ | 京都 |
| ㉞ | 大阪 |
| ⌇ | |
| ㊼ | 青森 |

NHK出版『現代の県民気質』より抽出

**表⑫【家計の消費支出に対する食費比率】**

| | | |
|---|---|---|
| 1 | 京都府 | 28.31（%） |
| 2 | 大阪府 | 27.26 |
| 3 | 和歌山県 | 25.84 |
| | ⌇ | ⌇ |
| 16 | 兵庫県 | 23.91 |
| | ⌇ | ⌇ |
| 25 | 東京都 | 23.59 |

総務庁統計局「家計調査年報」（平成9年）より抽出

## 京の冷やしぶぶ漬け

ぶぶとは京ことばでお茶のことである。ぶぶ漬けとは即ち、京都でお茶漬けのことをさす。

京都の蒸し暑さは格別だ。海がない内陸地帯だから、風が吹き抜けない真夏は、

京都・鴨川の『床』は納涼の知恵
（写真提供：毎日新聞社）

その悪条件下で何とか涼を得ようと、古くから都人らしい知恵を運《めぐ》らして来た。夏の風物詩鴨川の『床《ゆか》』もその一例である。

　度々申し上げるが、京都人というのは、生活上の工夫や、自身の体裁を斉《ととの》えるためであっても、必ず、品良くとか雅《みやび》になどの衣《ころも》を被せた、いかにも都人であるといわんばかりの演出をこらす天才である。

　たとえばそれが単刀直入にいえば、吝《りん》嗇《しょく》や始末に属することであっても、吝《けち》でそうしているとは言わず、尤もらしい理由づけや、雰囲気豊かな表現に変えてしまう。案外、京都人自身も、そうすることで自己暗示にかかっているのかも知れないが。

　冒頭のぶぶ漬けに戻る。

　京都では「何《なん》にもおへんけど、まあ、茶《ぶぶ》漬けでもおひとつ」と言われたら、「そろそろお引き取り下さい」の合図だとされているが、ここでいう茶漬《ぶぶ》けとは、文字通り茶漬けのはなしである。

　暑さの厳しい季節になると、京の旧家では、冷たい茶漬けと称するものを食す。茶漬けといえば、ご飯に熱い茶をぶっかけて、サラサラと流し込むのが一般的であるが、冷たい茶漬けとなると、「はて面妖な」と感じられるだろう。しかも、冷えてしまった茶漬けとなると、想像しただけで不味そうだが、京ではわざと冷やした茶漬けを作る。

　本当ならば、浴衣がけの中年の綺麗な京女が、あのやわらかな京ことばで説明すると、本来の有難味が出るのだが、活字面では不可能なことなので、ご容赦いただくとして。

　先ず、昨夜《ゆうべ》の残りご飯を笊《ざる》に入れ、冷たい井戸水（必ず井戸水でなければならぬ）で洗ってぬめりを取ると同時に冷やす。水分を切ってから茶碗に入れ、そこへ、これも井戸で冷やした京番茶（要するに、焙《ほう》じ茶の下級品）を注ぎ食すのである。

　ただし、その折、おかずとして、色どり豊かな京漬物を五、六種並べ、それを摘みながら、サラサラと流し込むのが流儀であり条件でもある。

　それだけのことだが、これを京都の女性が説明すると、如何《いか》にも涼し気で、空腹時など思わず生唾を呑み込みそうになる。けれども、よく考えれば、所詮は単なる茶漬けであることに変わりはない。
大和《やまと》や大阪の河内地方は茶粥《ちゃがゆ》が名物で、こちらも夏になると、冷たい茶粥を作るが、旨さは茶粥の方が勝るものの、説明を聞いても、京ほど優雅な感じがしない。矢張り所柄、京の京たるゆえんである。

## ◎京の漬物は本当に旨いか

前項で茶漬けのはなしをしたから、当然、京の漬物に触れないわけにはいかない。

例年、暮れが近くなると、新聞やテレビの季節ネタとして、判で捺《お》したごとく、京の『千枚漬け』の漬け込み風景が報道される。そして、京阪神の人間は「今年も冬が来たな」と実感する。今や風物詩と化した観がある。

大抵の人は、新聞やテレビで取り上げられるほどだから、味もさぞ良いだろうと思い、同じ店のを食べてみて、「なんだ、この程度のものか」とか「おかしい。こんな筈はない。ひょっとして、この品物だけが欠陥品なのか」と首を傾げる羽目になる。

実は、ニュースに取り上げられるには理由《わけ》がある。その店が「何月何日何時ごろより、千枚漬けの漬け込みを始めます。つきましては報道関係者ご各位に、その風景を公開させていただきます」といった主旨の案内ファックスなりを、早めに各社へ送りつけるからだ。

この早めというのがミソで、ニュースのデスクとしては、季節ネタなどは、面倒な事前取材調査を省き、予《あらかじ》め把握してスケジュール表を埋めておきたいのが人情。かくして、例年のごとく同じ風景が登場するのである。店側がちゃっかりしていて、マスコミの体質とシステムをよく承知しているだけのことだ。味とは全く関係のないはなしである。為念《ねんのため》。

京都には、これに類した神社仏閣などにまつわる年中行事めいた報道が多いが、ほとんどは広報担当者の仕事熱心からの効果であって、先の漬物でも、決して、その店の品が京都で一番旨いからと、取り上げられているわけではない。けれども、多くの読者や視聴者はそうは思わない。罪な話だともいえる。

京の漬物はたしかに名物である。千枚漬け、すぐき、柴漬け、と名前を挙げ出すときりがないほど種類も豊富だ。

JR京都駅構内で土産物として売られている漬物だけでも、大変な数と種類だ。そして、実際によく売れている。けれども、京漬物と名がつけば、どれも旨いかというと、とんでもない話で、極論すれば、知名度が高く、支店網の多い店ほど、味の方はもうひとつという傾向にある。尤も、こと食べ物商売に関しては、概してこれは全国共通の傾向だが。

京都市中の一等地に、いかにもそれらしい紅殻《べんがら》格子の店舗を構え、絵にかいたような京漬物屋で買った品物が、あまりに不味くて、翌日捨てたという話もある。

では、京の漬物は不味いのかというと、断じてそんなことはない。あまり宣伝力もなく支店も持たない、が、地元の人ならよく知っている店の千枚漬けやすぐきはたしかに旨い。日本一といってもよい。旨い不味い店の割合は、丁度半々ぐらいではないだろうか。

それにしても、先の報道機関へのファックスではないが、京都人の巧妙なパブリシティやPRの上手さは、宣伝好きの大阪人でさえ顔負けである。ましてや、そうした行為自体に、遠慮気味な神戸人には歯が立ちそうにない。

## パン、ケーキ、クッキーはやはり神戸

和風の世界では、京や大阪に一歩も二歩も引けをとる神戸だが、洋風となれば独壇場の観がある。

中でも、パン、ケーキ、クッキーとなれば、日本でも一、二を争うのではないだろうか。店の数も多く、正にピンからキリまである。

神戸人は、洋風の食べ物に関して舌の肥えた人が多く、またプライドも高い。そ

して、京都人のように、身内を庇うような行為はせず、あの店は旨い、この店は不味いと他所者にもはっきり教える。洋風の食べ物に対する点数が辛いのだ。

表⑬は、その神戸人のパン好き傾向を示すデータである。もちろん、神戸（兵庫県）が第一位だが、押し並《な》べて関西人はパン好きと断定出来る。必然的にパン屋の数も多く、競争も烈しい。

総じて、神戸人は排他的ではない。

その神戸人が、ことパンに関してだけは、いかにプライドが高いかを思わせるエピソードがある。

さる地方の大都市で、旨いと評判をとり、急成長したベーカリーがある。その会社が神戸への進出を計画した。

恐らく、ベーカリーとしては、本場の神戸へ進出することは、一種の勲章にも値するほどの行動だったのだろう。

ところが、その計画を察知した地元神戸では、珍しいことに、パンの業界団体が一致団結して反対にのり出した。それも、並の反対ではない。手段を選ばずというほどの猛烈なものであった。

誇り高いパン日本一の地場を、他人に荒らされるのは、損得よりも面子の問題であるというわけだ。劇症アレルギー反応といった感じである。

**表⑬【月間パン購入量】**

| | | |
|---|---|---|
| 1 | 兵庫県 | 3,001（円） |
| 2 | 大阪府 | 2,866 |
| 3 | 和歌山県 | 2,839 |
| 4 | 奈良県 | 2,691 |
| 5 | 京都府 | 2,666 |
| ～ | | ～ |
| 8 | 東京都 | 2,572 |

総務庁統計局「全国消費者実態調査」より抽出

　パンの本場を自負する神戸の業界としては、他所者業者の進出を許せば、城を開け渡すも同然である。だが、神戸出店を計画したベーカリー側も、簡単には引き下がらなかった。事態は大いにこじれた。しかし、法的に規制することは出来ない。

　結局は、デパートの地下食品売場に出店することで、一件落着となった。さすがに、デパートの売場にまでは、パン業界の力も及ばなかったのである。

　似たような話は、他の都市の別の業界でもあることだろう。けれども、温和で淡白な神戸人としては珍しい行動なのだ。それだけに、パンという食品に対する、神戸人の思い入れの強さを表わす逸話である。

　神戸のパンやケーキが旨いのは、欧米人の住人が多いせいもあるが、もうひとつ、その店自体の経営者や創業者が、欧米人である例も理由にある。つまり、本場仕込みの味というよりも、本場が引っ越して来た味なのだ。

随分古い話になるが、戦後のワンマン総理吉田茂が、往時の国鉄急行列車で運ばせたという、ドイツ風のトーストパンを焼くベーカリーは健在だし、昔ながらの石《いし》窯《がま》で焼いている店もある。神戸はパンに関してのハードルが高い土地なのだ。

表⑬で示したように、関西人はパンをよく食べる。だが、近ごろ少し様相が変わって来ている。パン業界全体が、邪道に趨《はし》っている傾向が強いのだ。

ひとつは、モチモチ歯ざわりと称する食パンである。本来、トースト用の食パンは、焼いたとき、サクッとしたハードな歯ざわりであるべきなのが、妙にねっとりした、餅のような歯ざわりのパンが増え出し、実際によく売れているのである。

変にモチモチ粘りのある感触は、大阪寄りの人の好みなのか、業界の意向なのかよく分からないが、不可解な現象である。元来あるべきパンの姿から逸脱している。

もうひとつ、ヨーロッパの家庭やホテル、レストランなどで、必ずといってよいほど食卓にのぼるものに、掌《てのひら》にのる大きさの丸い『ブロッチェン』なるありふれたパンがある。日本でなら、さしずめ主食の米飯にあたる存在だろう。薄い塩味だけの、何の変哲もないシロモノである。

以前は、神戸のベーカリーなどで簡単に買えた。以前といったのは、近ごろ、とんとその姿を見かけなくなったからである。代わりに、ゲテモノと呼びたくなるほどの菓子パンやおかずパンと称するものが溢れている。多分、単純なブロッチェンでは儲けにならず、ケーキか饅頭かと見まがうばかりの菓子パンやおかずパンが幅を利かせているのだろう。

この現象、米にたとえれば、白米の飯は炊かず、かやく飯や豆ご飯、パエリヤの類《たぐい》ばかり作っているのと同じことである。

幾らパン好きの京阪神とはいえ、まさかパンが米にとって代わることはあるまい。過当競争や儲け主義もほどほどにしてもらいたいものだ。

## 京の淡味《うすあじ》には大阪人も負ける

世間でいわれる通り、押し並《な》べて関西の味付けは淡味《うす》である。それは、見た眼によることとの影響も大きい。関西で醤油といえば、色は淡いが塩分はそれなりにある淡口醤油をさし、特に煮物の仕上りが、素材の色ばかりが引き立って見えるので、余計に淡味っぽく感じられるのだろう。

中でも、京都は特に淡味の傾向が強い。

公家社会から発した京料理だから、素材の持ち味を、眼で風雅に愛でる要素が強調されたせいもあるが、その上、高貴な人たちは、蹴鞠《けまり》以外に汗をかくほどの労働をしなかったろうから、塩分を多く採る必要もなかったのだろう。

それにしても……。

近ごろの一部の京料理、それも煮物の味加減は度を越している。精進風の煮物など、たとえばがんもどきや蕗《ふき》の場合、それ自体が持つ色や香りはよく感じられても、口中に入れて、塩分が微かにしか味わえないのがある。ここまで来ると、酒はおろかご飯の介添えにすらならない。

淡味に基準めいた決めごとはないが、こんな料理を関東や東北圏の人が口にすれば、単に味のない不味い煮物としか映らないのではないか。大阪人ですら、「ひょっとすると、調味料の加減を間違ったのでは」と疑ってしまう。

大阪の味も、関東や東北の人の舌には、結構淡味に感じられるそうだが、その大阪人にして、極端な京の淡味には唖然《あぜん》とするほかない。

「京は淡味どすさかいに。その代わり、材料の持ち味を十分に生かしておすえ」という女将の言葉が、昨今《いま》では「京料理は徹底した淡味でなければならぬ」と半ば迷信めいた経営方針のようになり、それが料理人の頭に、固定観念や強迫観念のごとく、こびりついているのではないかとすら思いたくなってくる。どうも「程度もの」という言葉が忘れられているようだ。

## 大阪でうまい物とは庶民の味

古くから大阪の名物とされた河豚《ふぐ》や鱧《はも》は、元来庶民の味である。特に河豚は、徳川幕府が禁じたのに、中《あた》ると死ぬことにかけて、『鉄砲』と称して密かに食べたほどだから、決して品の良い上層階級のものではなかった。

それが今では、河豚は高嶺《たかね》の花と変じ、鱧も活鱧《いけ》だと結構高値になった。全国的に高級な料理店などでも食べられるようになり、食材として大出世してしまったのである。

大阪は歴史的に使用人主体の町であったから、上等な食材や店とはあまり縁がなかった。高級店と大衆店を数の比率でいえば、京都と比べて、丁度正反対になるのではなかろうか。

だが客筋としては、大衆店の方が味にうるさい。接待ではなく自前で食べるのだから、一食一食に点数が辛くなって当然で、必須の結果として舌も肥えてくる。

庶民階級の楽しみは、食べることと喋ることに尽きる。大阪の町に、今も大衆的な食べ物屋や呑み屋が多いのは、そうした伝統からである。

その大阪で、比較的歴史の新しい庶民の味に串カツがある。これは関東などでいう、豚肉とネギを交互に串に刺して揚げた、一口カツとか串揚げとは違う。肉だけでなく、魚からチーズや銀杏《ぎんなん》まで、およそこんな物がカツになるのか、と驚嘆するほどバラエティに富んだ揚げものである。

この串カツも、近年では材料の創意工夫が進むうち、それなりに高級化した。どうも喰い倒れといわれる大阪の土地は、庶民階級の間から生まれた安い食べ物が、次第に出世し、最後には全国制覇するのが特徴らしい。

となると、大阪の庶民の味で、最後の牙城と呼べそうなタコ焼も、この先どうなるかわからない。案外、『お座敷タコ焼』などと出世して、料理屋風の構えの小座敷で、仲居さんが付きっきりで焼いてくれる、という店が登場しても不思議ではない。なにせ、お座敷天ぷらでさえある世の中だから。

## 『南京町』は商標登録

西洋料理と並んで神戸の名物なのが中華料理。華僑が多く住む町だから当然ともいえるが、いや、なんともバラエティに富んでいる。北京、広東、四川、上海、天津等々、中国各地の味が選りどり見どりの観のごとしである。

中華料理店は神戸市内いたる所にあるが、中でも、『南京町』は壮観である。

ちなみに、横浜にも同類の場所があるが、こちらは一般的に『中華街』と呼ばれている。

神戸『南京町』

南京町の呼称は、ある時代、蔑称（差別用語）につながると物議をかもしたことがあるが、それがなんと、近年、神戸ではちゃっかりと、『南京町』自体を商標登録してしまった。

町ぐるみ、その一角の町名を法的に商標登録する例は、全国的にも極めて珍しい。ゆえに、今では他の市町村はもちろん、私企業に至るまで、『南京町』の呼称を無断では使えない。

## 神戸の西洋料理

神戸の西洋料理には大きく分けて、ふたつの流れがある。東京などでは、大ホテルの洋食部門などで修業した人が、独立してレストランを開き、その店から更に独立する人が出るといった系譜が主流である。

それに対して、神戸では、同様の系譜とは別に、外国航路の料理人出身という系譜がある。外国航路（主にヨーロッパ航路）の大型船の厨房で修業した人が、陸に揚がって自分の店を持つといった次第だ。

一般にホテル系のレストランでは、フルコース料理を得意にしているのに比べ、船出身の人の店は、家庭料理風のアラカルトを売り物にしている所が多い。たとえば、自家製のコーンビーフが自慢といった塩梅《あんばい》である。

神戸の味として、今や世界に誇れる神戸ビーフやデミグラスソースも、こうした家庭的な店の間で練り上げられて来たものであろう。

そして、神戸の良い所は、他所者が訪ねて行って、何か旨い物を食べたいと思うとき、ちょっとした買物ついでに、その店の人に訊くと、気さくに教えてくれることだ。京都のように、伝統や格式にとらわれず、新しい店でも、味が良く値段が手頃なら、躊躇《ちゅうちょ》せず教えてくれる。

### 加工食品の鬼――京都

古来、京都は海から遠く、三方を山に囲まれた都であったから、魚介類の新鮮なものにこと欠く土地であった。

それでも、身分の高い人は珍味を食べたがる。となれば、あれこれ複雑な手を加えた料理が生み出されたのも不可避な結果だ。

冷蔵設備が開発されるまで、江戸や大坂の庶民にとっては珍しくもない刺身も、都人にしてみれば、夢のような食べ物であったろう。大阪湾で獲れた鱧《はも》を船に積み、水を掛け掛け、十二時間、淀川を懸命に溯《さかのぼ》ったという話もある。鱧は海からあげてからもかなり強い魚である。

結局、京へ魚を持ち込むには、塩蔵するしかなかった。鯖《さば》街道として知られる福井県から琵琶湖の西側、比良山系の裏側を通って、京都市中へのルートも、若狭の海で獲れた鯖を、塩蔵して人力で運んだことからの名称である。

塩をした魚や、少し腐りかけた魚、それに一夜干しなどを、見た眼も味も良いという料理に仕立てるには、相当凝った加工を要する。かくして、京都には魚介類だけに限らず、加工に一工夫をこらした数々の食品が生れた。

何処《どこ》の土地にもある加工食品の代表的なものが豆腐である。中でも、京都の豆腐は抜きん出て味の良いものが多い。豆腐の質を決めるのは、良質の大豆と水である。京都には古くから水質の良い地下水が縦横無尽に流れ、その井戸が、それこそ町内ごとといってよいほどにあった。

阪神・淡路大震災は京都にも被害を及ぼし、市中の地下水の細かい水脈を壊したといわれているが、それでも質の良い井戸が沢山残っている。

こうした条件もあってのことだろう、京都市中には町内ごとと呼べるほどに、各住民ご贔屓《ひいき》の豆腐屋がある。他所の者からみると、京豆腐といえば、即座に嵯峨《さが》豆腐を連想しがちだが、土地の人にいわせると、「自分の町内の豆腐屋が断然旨い」と言い張る例が多い。

こと豆腐に関する限り、郷土を庇い、身贔屓意識の強い京都人の感覚が、一段と狭まって、町内贔屓にまで昇華してしまうらしい。

## 京都では和菓子屋と饅頭屋は別の店

京都でうっかり「何処其処《どこそこ》の菓子屋の餡《あん》巻きは旨いですね」などと言おうものなら、「あそこは和菓子屋さんと違うおすがな。あれは饅頭屋はんどすえ」と訂正されたりする。

京都人の頭の中では、和菓子屋と饅頭屋は厳然と区別されている。扱う品物が違うのだ。

大福餅、椿餅、桜餅、柏餅、葛饅頭《くずまんじゆう》、鶯餅《うぐいすもち》、きんつば、串団子、これらすべてが饅頭屋の製品である。では、和菓子屋は何を作っているのかというと、季節ごとに店固有の風流な名前をつけて創作される生菓子、落雁《らくがん》などの干菓子である。

これだけでは違いがよくお分かりにならないだろう。結論をいうと、使用目的、食べる場所が違うのだ。つまり、饅頭屋の製品は、一般家庭や商売の応接などで、気軽にお茶請けとして出されるもので、その茶も煎茶や番茶であることが多い。片や、和菓子屋の製品は茶席で使われるもの、おうすや濃茶の友、真の意味での茶菓子である。

当然、和菓子屋の方が格は高く扱われる。店舗もしかるべく先祖代々の場所（必ずしも市の中心部とは限らない）に構え、風雅な造りが多い。そして、かつては御所出入りを許され、出入りの茶の湯の家元や直弟子筋、大寺院、富商など得意先も決まっていて、屋号も凝っている。饅頭屋の方はごく気さくで、洛中の町内、いたる所にある庶民の店である。

さて、ここからが怪訝《けげん》なはなし。

往々にして、われわれが食べてみて、美味しいと感じるのは饅頭屋の製品で、和菓子屋の品物は評判や値段の割にもうひとつ、という例がよくある。有名なほどにはピンと来ないのである。

ところが、一旦、茶の湯と組み合わされるや、この和菓子屋の品が、俄然精彩を放ち出す。

いや、なんとも京都は懐が深い。

神戸で考案された『ソバメシ』

## 神戸のソバメシ

大阪には『おじやうどん』なるものがある。船場の老舗のうどん屋が考案したもので、雑炊《ぞうすい》とうどんをミックスしたものだ。大阪らしく、見た眼にはパッとしないが、特に冬場は中々旨い。

それに対抗したわけではないが、神戸には『ソバメシ』なるものがある。

これは神戸のお好み焼屋が考案したといわれるもので、お好み焼屋が作る焼きソバ（中華料理店のそれとはかなり違い、味は全く異なる）と焼き飯（これも、中華料理の炒飯《チャーハン》とは違う）をミックスしたものである。

もちろん、お好み焼屋であるから、客の面前で鉄板の上で焼いて作る。ミソは、お好み焼用のソースをふんだんに使うことである。そのソースの焦げる匂いが何とも香ばしく、食欲をそそる。

ソバメシは、大阪で考案されてもおかしくない品物だが、よくよく考えてみると、港町のハイカラ神戸の方が相応《ふさわ》しい気もするから妙だ。

## 京の衣笠丼

『衣笠丼《きぬがさどんぶり》』なるものが京都にある。北区の金閣寺の北側に衣笠という地名があり、衣笠山もあるが、それとの関連はよく分からない。

京を訪ね、大衆食堂めいた店に入って、品書きに『衣笠丼』とあるのを見つけ、いそいそと注文し、出て来た品物を見ると、大抵の他所者は一瞬妙な表情《かお》をする。

衣笠丼とは、熱いご飯の上に、甘辛く煮つけた油揚げを刻んだのに、ネギか三ツ葉程度の青いものを散らし、煮汁をかけただけのものである。まあ、丼物の中では最も安いシロモノで、大阪人なら直截に『けつね丼』とでも名付けるだろう。

尤も、作り方によっては、結構オツなもので、東京の深川丼にも通じる。いかにも庶民的な味であるから、急場のこしらえに、家庭でも試されてみるとよい。旨い不味いは出汁《だし》次第である。

それにしても『衣笠丼』とは、何と風雅なネーミングであろう。なんとも京都らしい。

これは単なる想像に過ぎぬが、ハラタケ科の茸《きのこ》の異名に衣笠というのがあり、別名『狐の傘《からかさ》』ともいわれるので、油揚げを狐と称するのに掛けての名付けかも知れない。

## 酒の本場は京阪神の何処か

今日、日本酒といえば、即、清酒をさすが、清酒の歴史は比較的新しく、江戸時代初期ごろからのことである。

酒は古代より、全国各地に様々な形で造られていたのだろうが、本格的な酒蔵をもって、質の良い酒造業の嚆矢《こうし》をなしたのは摂津《せっつ》池田（現大阪府池田市）の池田酒で、元禄年間（一六八八～一七〇三）には株仲間が出来ていた。次いで、摂津伊丹（現兵庫県伊丹市）が都市酒造業として大きく発展した。両者共に主な出荷先は江戸で、いわゆる下《くだ》り物であった。それらのことは、井原西鶴の『日本永代蔵』にも詳しい。

文化文政（一八〇四～一八三〇）ごろには、主要産地が現在の灘五郷（今津、西宮、魚崎、御影、西の各郷）の地区に移った。理由は海運の至便さと、灘地方は六甲山系の急流を利用して、水車で菜種油を搾《しぼ》っていたが、それを転用して、水車による効率的な精米を行ったことにある。それ以前、池田・伊丹時代は人力の足踏み精米であった。

因みに、在来、濁り酒であったものが、現在の清酒と呼ばれる澄んだ酒に改良されたのは、伊丹時代、偶然から木灰を利用することを発見してのことだという。

何れにせよ、酒の製造と発展が阪神間にまとまっていたのは興味深い。

表⑭　【清酒の生産高】

| | | |
|---|---|---|
| 1 | 兵　庫 | 266.426（kl） |
| 2 | 京　都 | 109.976 |
| 3 | 新　潟 | 61.664 |
| 4 | 秋　田 | 39.565 |
| 5 | 愛　知 | 34.441 |

国税庁「第122回国税庁統計年報書」（1996年度）より抽出

京阪神の酒造業でもう一箇所見落せないのは、京都の伏見である。表⑭をごらん下さい。

これは全国主要酒造地の生産高である。兵庫（灘）が圧倒的に多いが、京都（伏見）もその半分近くある。京阪神の人間が、新潟や秋田の酒を口にするのは比較的珍しいが、生産高からみて、それも当然のことだと納得出来る。

一般に、灘の酒は男性的、伏見の酒は女性的だといわれるが、硬水と軟水の関係もあろう。それでも、灘の醸造専門家にいわせると、水質では、伏見の水にかなわないという。

いわれてみれば、伏見の水は茶道家の間でも珍重されるが、灘の水を茶道に使うというはなしはさっ

表⑮【三都の月間平均「酒類」と「外食」に対する支出】

| | 酒類 | 外食 |
|---|---|---|
| 京都市 | 5,387（円） | 17,054（円） |
| 大阪市 | 3,786 | 15,921 |
| 神戸市 | 3,952 | 16,270 |

総務庁総計局「家計調査年報」（平成9年）より抽出

ぱり聞かない。

さて、京阪神三都における、その酒の消費量であるが、表⑮をごらん下さい。

これは、酒の消費量と外食に使う金額を並べたデータである。

京都が断然高い。ただしビールだけを比べると、大阪は日本一である。暑い期間が長いのと、大阪人の鍋物好きも関係すると思われる。

表⑮でみると、どうも京都人は外で日本酒を呑む機会が多いらしい。たしかに、料亭で出される京料理は、夏のビール一口はよいとして、矢張り日本酒が相応《ふさわ》しい。

更に、京都では神社仏閣にまつわる祭礼行事が多いが、伝統行事の席でもビールよりは日本酒の方がしっくり来る。なにせ、御神酒《おみき》や般若湯《はんにゃとう》といえば清酒であって、いくら時代が変わろうとも、ビールやウィスキーが取って代わることはあり得まい。

総体的に京阪神（関西）の人は酒の味にうるさい。逆に酔いさえすれば何でもよいといった手合いは、関西人らしくない。

今も、池田酒、伊丹酒は健在だし、関西一円には地酒メーカーが沢山ある。灘にだって、地元の人しか知らない地酒メーカーがいくつもあるほどだ。だから、京阪神に住んでいる限り、清酒に対する選択の幅はかなり広い。その上、酒店によっては独自のネットワークを持っていて、近畿一円から、相当珍しい酒でも取り寄せてくれる。

酒の豊富さと物の旨さからみて、左利きには京阪神は天国である。

# 七◎三都の成り立ちと事情

## 建都千二百年は伊達《だて》やおへん

都としての京都の歴史は、平安京が置かれた平安時代の始まり延暦《えんりやく》十三年（七九四）に発する。その六年前の延暦七年に最澄が比叡山に薬師堂を草創し、最澄没後の弘仁十三年（八二二）に延暦寺と号したから、今では、延暦の名称もそちらの方で知られている。

京都というのは、本来は首都の意味で、あまり長く続いたものだから、地名にまでなってしまった。

都としての寿命は慶応四年（一八六八）に終えたから、単純に計算すると、首都の期間は千七十四年間であったわけだ。町の歴史だけでいえば、西暦二〇〇三年の時点で千二百九年間続いたことになり、世界屈指の稀有《けう》な都市であることは確かである。

はなしが突然とぶが、嘉永六年（一八五三）にアメリカ東インド艦隊司令長官ペリーが、軍艦四隻を率いて浦賀に来航した。いわゆる幕末の黒船騒動で、そのころから、欧米各国が盛んに日本との接触を求めて来るようになるが、その折、彼らは、首都京都と江戸幕府の関係が非常に解りにくかったらしい。

当初は徳川将軍を日本の王《キング》だと思い込んでいたようだが、交渉過程で色々話し合ううち、京都にもうひとり帝《みかど》という人がいるのが分かった。そして、帝は将軍より上の位置にある人であると判明した。

更に、一介の高級役人だと見ていた人物が、大名と呼ばれる、これまた地方の王族らしい者であることも分かった。その上、旗本と呼ばれる別の高級役人が、場合によると、大名よりもえらそうな口を利くこともある。こうなるといよいよややこしい。

中でも、少し漢字の素養がある外国人には、上《うえ》さまとお上《かみ》の使い分けなど、どう解釈してよいやらチンプンカンプンであったろう。

武家社会が成立した鎌倉時代以降、特に江戸時代に入ってからの日本は、京都に帝（天皇）と呼ばれる、実質的には官位を与える権限以外、権力らしきものを何も持たない、それでいて、厳密には将軍の任命権すらある、途方もない偉い人が在り、その下に、現実世界として、日本の顔のごとく装っている将軍がいた。

しかも、国土は藩と称する大名領と天領（幕府直轄領）に細分化され、夫々の領地、特に藩内の政治は、独立国風に各大名が行い、日本国内全体が一種の共和国のようになっていた。見ようによれば、三重構造の国家ともいえる。

ここまで来ると、欧米人ならずとも、日本人でさえ解りにくい。結果として、この複雑さ不可解さが、徳川政権の寿命を縮める原因のひとつにもなったといえる。

この間、平安朝以来、京の天皇が強権を持った期間はごく僅《わず》かで、他の時代は、ある時は『やじろべえ』の支点のごとく、場合によれば『梃《てこ》』の支点風の役目を果たして来た。が、それでいて、表立った重心であったことはなく、綿々と朝廷は続いて来た。続くなりの意味があったといえる。

武力でもって天皇を担いだり、利用した他所者の人間は、時代ごとに変わり、それゆえに、ある者は滅び去った。で、結局、千年以上に亘り、遠巻きながらも変わらずに、天皇を支持して来たのは京都人であった。

だから、京都人には建都千二百年の町を支えて来たという、確固たる矜持《きょうじ》がある。歴史の古さは伊達《だて》ではないわけだ。

京都は大都市ながら太平洋戦争の戦禍を被《こうむ》っていない。案外、当時の米軍関係者の方が日本人以上に、京都の値打ちを認めていたのだろう。

そんなこともあって、京都の、特に年配の人との会話の中で、「この前の戦争」といえば、大真面目に『蛤御門ノ変《はまぐりごもん》』（禁門の変）をさし、人によっては『応仁ノ乱』に遡《さかのぼ》ってさす場合すらある。蛤御門ノ変は元治《げんじ》元年（一八六四）で、応仁ノ乱は応仁元年（一四六七）から十年間ほども続いた大乱で、京の町は疲弊の極に達した。

とに角、太平洋戦争で空襲を受けていないのだから、京都人には近代戦の戦争というものの実感がない。それに対して、『蛤御門ノ変』などは、親子代々語り継がれるほどに、京都としては被害が甚大であった。

蛤御門ノ変を一口でいえば、勤王佐幕の時代を背景に、朝廷をめぐって、長州藩と幕府側（主に京都守護職と称する首都警備隊の役にあった会津藩と新撰組、それに加担する格好の薩摩藩の連合軍）による主導権争いで、京都の庶民にとって何の関わりもない出来事である。

戦闘は七月十九日の明六ツ《あけ》（午前六時）ごろから始まり、四時間後にはほぼ決着がついて、長州勢の敗戦となったが、この戦《いくさ》では、自分たちの立場を理解してもらおうと、嘆願が目的で公家屋敷に入った一部の長州勢を、文字通り焙《あぶ》り出さんがために、幕府側が建物に火を放ったのと、河原町三条上ルの長州藩邸にも同様に放火したのがきっかけで、洛中の中心部から火が拡まった。しかも、逆に、逃げる長州軍は、徳川家ゆかりの寺院に向け、大砲に焼弾を込めて射つなどしたから、たちまちにして大火となった。

京都は大小の木造家屋が庇《ひさし》を並べる家並みで、今も昔も防火には人一倍気を遣う町である。しかも、当時は全てが木造、丸で大火事のサンプルのようになってしまい、戸数にして二万七五一三軒もの寺社や民家が焼失し、洛中の主だった建物はほとんど灰になった。あまりの大火に、京童《きょうわらべ》はこれを自嘲気味に『鉄砲焼け』とか

『どんどん焼け』と称して、ずっと語りついだ。

火災保険などない時代のこととて、復興再建にかかった費用は想像に難くない。その借金返済が子供の代まで及んだ家も珍しくないだろう。京都の場合、商家やそれに関連しての、零細職人が非常に多い町だから、家が焼失したからといって、他所へ移転するわけにもいかない。自分たちに何の落度もない権力者たちの極地戦争に対して、恨み骨髄に徹すの思いであったろう。

なにしろ古い町で、人口の移動も少ない。当然、「あの火事で焼けへんかったら、金屏風《びょうぶ》があったのに」とか「借金でとった証文、みんな丸焼けであかんえ」「あんさんとこ、名物やったお茶室焼けてしもて、惜しいおすなあ」といった具合に、悪いこと不利なことをすべて戦のせいにし、寝物語り風に語り合ったであろうから、現代《いま》の世になっても、この前の戦争が『蛤御門ノ変』であるのも頷ける。古都にとって、百四十年ほど前のことも、千二百年もの間では、ちょっと前のことである。

## 京の『町衆』の力

京都は『町衆《まちしゅう》』と呼ばれる有力町人が、今も隠然《いんぜん》たる力を持ち続けている都市である。町衆には、はっきりとした定義はないが、室町時代から洛中に住む有力商工業者や、事情によれば、同じく町中に住む、下級武士や公家をも同様にさした。

日本一の祭りと呼んでもいい祇園祭を支えているのも、この町衆である。ただ奇妙なのは、仏教の見本市のごとく、各宗派の本山が林立する京都なのに、その町衆には圧倒的に法華宗の信者が多い。この辺りが信仰面で大阪とは決定的に違う。

法華宗は後に日蓮宗とも呼ばれ、細かく派に分かれるが、中でも『不受不施《ふじゅふせ》』（他宗の信者や未信者から供物や施物を受けない。また、不施は他宗派の僧に布施供養をしないこと）の思想を持つ派が大きな力を持った時代があり、徳川幕府から弾圧を受けたほどで、人間関係に於てある種の冷たさと独善性がある。京都の風土に排他性や冷ややかな面が感じられるのは、法華宗の影響も大きいのではあるまいかとも想像される。

町衆は旧家と呼ばれる家がほとんどで、彼らは他所の町によくある、旧家の庄屋などといった表現とは違ったニュアンスで、旧家であることを矜《ほこ》りにしている。

町衆の伝統は脈々と受け継がれ、京都市では、市議会に対する監査役風な立場にある町衆団体もあり、市政が一方的にことを運ばぬよう、一定の発言力すら持っているほどである。

その旧家であるが、京都の物知りで自身も旧家である人に、「旧家と呼ばれる資格は」と問うてみたところ、即座に「六百年以上続いている家」という返事が戻って来た。もちろん、当人が口で言っているだけでは駄目で、何らかの形でその歴史が証明されねばならない。

六百年前となると足利（室町）時代である。一般の人間にとっては、古過ぎて話にもならない。けれども京都では、それを証明する系図なり、類する書面が残されている家がさほど珍しいことではない。

大名や公家の子孫には、六百年以上も続いた家柄はあるけれども、一般の家庭でそれが珍しくないとは、京都の京都たるゆえんであり、他所者には到底真似の出来ないところである。

## 本願寺・知恩院・祇園の悪口は言うな

京都は『壁に耳有り障子に目有り』を地で行くごとき土地である。度々述べるように、この土地は歴史が古い一方、人口の流動が少ない。必然的に親の代からの知り合いが多いし、戦《いくさ》でもない限り、平時はとり立てて言うほどの変化もない所ゆえ、昔から些細なことが格好の話題になりやすかった。今日でいう口コミ力が凄かったわけだ。

うっかり口を滑らせたことに、面白可笑しく、時には悪意を交えてはなしに尾鰭《おひれ》がつき、あげくには、言った本人にはね返って来て怪我をする、ということもよくあるらしい。

かような土地だから「口を慎め」という意味で、『本願寺と知恩院と祇園の悪口は言うな』とする忠言が残っているのだろう。

本願寺、知恩院、ふたつの巨刹《きょさつ》と色街の祇園を同列に並べ立てたのは、なぜか、と考えれば、考えるほどに味わい深い。

本願寺は浄土真宗の本山で、今でこそ東西に分かれているが、徳川期以前はひとつの寺だった。家康の肝煎《きもい》り（というよりも圧力）で現在のごとく東西に分派し、正しくは、通称「お西さん」と呼ばれる本願寺を『本願寺派』、「お東さん」と呼ばれる東の本願寺を『大谷派』という。

浄土真宗は傘下の寺院数と信者数では、日本最大の宗教団体である。かっては、大坂の石山合戦で、織田信長軍を向こうにまわし、互角どころか、「信長危うし」と思わしめるほどに戦った実績があり、その団結力と信仰心の厚さで、諸大名から怖れられ、「敵に回すと碌なことはない」とまで思わしめた。

江戸時代に入ってからは随分様相が変わった。家康が東西に分派させたのは、信長と和睦《わぼく》した本願寺を、後に豊臣秀吉が大いに優遇したので、豊臣勢憎しの思いや、少しでもその教団としての勢力を削ぐためと、宗派内での武闘派と穏健派の内紛が起こったせいである。が、筋からいえば、西が本家である。

東本願寺

（写真提供：毎日新聞社）

西本願寺

（写真提供：毎日新聞社）

家康の方針は、両派の仲を出来るだけ悪くし、交誼《こうぎ》を避けさせるように仕向けることだった。策略は図に当たり、徳川期を通じて、両派はほとんど交流らしきものを持たなかった。

しかも、幕府はことあるごとに、息のかかった東を上位に置き続け、身贔屓《びいき》したから、西の反撥を招き、幕末ごろには、はっきりと西は勤王派、東は佐幕派と旗色を鮮明にした。そして、勤王方の倒幕運動で、西は朝廷に多大の軍資金を提供して重きをなし、明治を迎えた。

そうした時代背景は別にして、今も昔も本願寺は宗派を乗り越えた俗な人気があり、拝観料など一切とらず、敷居は低く、「南無阿弥陀仏」と唱えれば、仏の方から済《す》って下さるという教えは分かりやすく、特に庶民の間では、民間信仰めいた親しささえ持たれている。

親鸞《しんらん》の血脈を継ぐ本願寺の門主は、太平洋戦争以前まで、恰《あたか》も生仏のごとく崇《あが》められ、その上、特に西の歴代の門主は、不思議なほど徳のある美男子偉丈夫が多かったので、明治のころでさえ、現在《いま》の映画やテレビのスターをみる眼に似た、想像を絶するほどの通俗的人気があった。

だが、前項でも述べたように、地元京都では法華宗の信徒が多く、浄土真宗はそれほどでもない。それに、京都には禅宗の京都五山（天竜寺、相国《しょうこく》寺、建仁寺、東福寺、万寿寺)、臨済宗各派、天台宗、真言宗など各種の権門名刹が目白押しなのに、檀家数は多くない。なんとも不思議だ。因みに、観光で名高い金閣寺と銀閣寺は、ともに臨済宗相国寺派の末寺である。

では、本願寺に勢力はないのかというと、決してそうではない。隣りの滋賀県や大阪府、兵庫県は門徒(浄土真宗の信者)一色と呼べるほど寺も信者も多い。何となく、京都の本山をやや遠巻きに取り囲んでいる感じである。そして、明治初期まで本願寺は門跡寺院であったから、朝廷とも縁が深い。

つまり、京都では、お西さんやお東さんは、人間にとっての空気や水のような存在で、日ごろは格別意識しなくても、絶対的に無視出来ない、隠然たる勢力と影響力があるのだ。

空気や水をわざと汚せ(悪口)という人はいないだろう。『本願寺の悪口を言うな』とは、そんな有形無形の影響力や門徒の多さが、下手をすると自分自身に跳《は》ね返って来るぞ、という戒めのように思われる。

余談になるが、大阪や阪神間の成功者や有力者には門徒が多い。当然、本願寺の悪口を言われると気分を害する。

『知恩院の悪口を言うな』の方は、徳川家との密接な関係があると考えられる。

かつて徳川家御用達だった『知恩院』

左甚五郎の忘れ傘や、除夜の鐘の巨大鐘楼で知られる知恩院は、浄土宗の大本山で、しかも、浄土宗は徳川家の宗旨である。家康は生母伝通院の菩提《ぼだい》のため、寺領を寄進し大伽藍を造営したし、寛永十年（一六三三）に堂舎の大半を焼失した後は、三代将軍家光が、以前にも増して大きく再建したほどだから、ある意味で、将軍家丸抱えのような寺院であった。

となれば、徳川時代を通じての勢力は相当なもので、地方の豪商や有力者には、家の宗旨をわざわざ浄土宗に改宗し、徳川家に阿《おも》ね、あわよくばその威光にあやかろうとしたほどである。

こんな次第で、知恩院へ悪口を向けることは、即ち徳川家に唾《つば》することに似ていて、もし、所司代役人などの耳に達すれば、そのままでは済まなかったであろう。

尤も、あまりに徳川家に近かったため、明治の神仏分離令以降、かなり冷や飯組の悲哀を味わわされたことだろう。

要するに、知恩院はある時代、一種の権力構造の象徴的存在で、そんな権威集団の悪口を言うのは、利口者のすることではないという意味だ。

『祇園の悪口を言うな』の方は、もっと俗な意味合いがあると思しい。

祇園は花街としてだけでなく、今や京都の代表的な観光地にすらなっているが、年代的にはそれほど古くはない。出来たのは江戸時代中ごろで、歴史的には島原や上七軒、先斗町《ぽんとちょう》などの方が古い。

江戸時代最初期ごろの京都は、洛中といっても、五条から下は田畑が点々とあるほどの寂《さび》々した所で、次第に都市化して、周辺部に人家が拡がって行った。それに連れて、祇園町も門前の水茶屋から発展して行ったのである。

特に繁盛しだしたのは、幕末近くになってからで、長州勤王派の志士たちが、金離れよく利用するころには、今日以上の繁栄振りを迎えたと思われる。

花街というのは、基本的に遊女や芸妓を抱える置屋（芸妓屋）と、遊ぶ為の席を貸す茶屋からなっている。現代《いま》風にいえば、置屋は一種のプロダクション、茶屋は

舞妓も今や観光素材

レンタルルームということにでもなる。だが、昭和三十年代に厳重な法令が出来てからは、遊女は認められず、実質的な意味での遊女屋は姿を消し、置屋と茶屋だけになった。

祇園町で面白いのは、そこで働く女性が自らを「うちら廓《くるわ》の者《もん》は」とか「ここの廓では」といった風に、廓なる古風な言葉を使う人が多いことである。その言葉尻にはいかがわしさよりも、ある種の誇り高さが感じられる。

で、舞妓が一本立ちして芸妓になるには、衣裳や配り物、それまでの借金等々、何かと費用がかかる。だから昔から花柳界では、大抵の場合、その日に備えて旦那（パトロン）がつく。

そうなると、半ば公然の秘密風に「誰々

ちゃんには、何某さんがついてはる」といったように知れ渡る。京都の場合、何しろ町が狭く、旦那になれるほどの人の数も当然限定されて来る。商売人や実業家でも、豊かで粋な遊び趣味のある人でなければ務まらない。

古くから室町の織維問屋の主人や、先祖代々の金持と呼ばれる人、以前なら芸能人、それに妻帯を喜ばれぬ大寺院の坊さん、といった面々が旦那であることが多かった。

祇園で遊ぶには、一見《いちげん》さんはお断りである。旦那筋、祇園出身の女将が経営する旅館や料理屋、色んな意味で顔の利く人など、しかるべき紹介者がなければ店へ揚がることは難しい。普通の商売とは逆で、店の方が客を選ぶのである。こっそり信用度すら探られることもある。

と書くと、なんとも秘密めかして聞こえるが、有力者が出入りする場であっただけに、客の身元ということを敏感に気にしたのである。

そうした世界だから、うっかり祇園の悪口めいたことを言おうものなら、どんなルートから話が洩れて、思わぬ方向から、言った本人へ礫《つぶて》が飛んで来ないとも限らない。いや、実際に散々な目にあった人がいたからこそ、悪口を言うなの忠言も生れたのだろう。

尤も、昨今の祇園は随分様変わりし、気分だけ味わいたいのなら、バーやスナックで独特な祇園言葉を聴いていれば、他所者にはそれで十分だろう。

こうして並べて来ると、『本願寺・知恩院・祇園の悪口は言うな』の忠言は、歴史的にさほど古いことではなさそうだと推察される。祇園が隆盛を誇り出したのは、幕末近くなってからだし、知恩院は明治維新で急激に権門ではなくなった。となると、三者揃って勢力があったのは極く短い期間ということになる。

それでも、京都一流の口コミ力を思うと、今もって、本願寺や祇園の悪態めいたことを露骨に言い表わすのは、利口な行為ではなさそうだ。

## 祇園の子弟教育

色街のはなしが出たついでに、祇園の子どもについて書く。子どもといっても、舞妓ではなく、正真正銘、母親から生まれた子どもという意味でである。

昔から色街では、その性格上、お父さんが誰かよく分からない子、つまり非嫡出子が多かった。勿論、当の母親や関係者は誰が父親かは知っているが。

旦那の子、生さぬ仲の子、妾腹の子、権妻《ごんさい》の子、囲い者の子、言い方は様々にあるが、要は、あまり公《おおやけ》に出来ぬ関係の仲に生したる子どもである。反対の立場、女性の方から言えば、母ひとりの片親。現代用語でシングルマザーとか未婚の母と呼ばれる人が多い世界である。

同類の家庭によくある話で、子どもというものは物心つき少し成長すると、「私《うち》のお父はんどんな人」とか「僕とこ、お父ちゃん居はらへんの」といった風に訊きたがるものだ。

だが祇園などでは、いくら執拗に訊かれても、ああだこうだと様々に言いくるめ、絶対に父親の名を明かさぬままに、子どもを納得させてしまうそうな。そして、それがどんな方法、いかなる説明によって、以後、子どもが同じ質問をせぬよう口封じするのかは、他人には到底窺《うかが》い知ることは出来ないという。

その巧妙な説得法には、父親（旦那）である人の奥さん（つまり正妻）も、子どもを納得させたと伝え聞いて、ほとほと舌を巻く以外にないほどだという。

ここからがひときわ興味深いはなし。

世間では、母子家庭の子どもが非行に趨《はし》ったり、問題児となった場合、その原因が母子家庭という家庭環境にあったと、いかにも父親がいないことのせいにするケースが多い。

当の母親も、母子家庭となった経緯には、自分にも原因の一半があるにもかかわらず、なかでも昨今は、そのことを人権問題であるかのごとく、責任をどこかへ転嫁して、被害者ぶる人がよくいる。

ところが、祇園町などでは、そもそも母子家庭の子どもが、それゆえに非行に趨ったり、問題児化する例はほとんどないという。逆にグレたりする方が珍しいぐらいらしい。

これは何を意味するか。

推察に過ぎぬが、とかく男女の仲が複雑になり勝ちな花柳界では、それだからこそ、母親となった女性は、自身が女であるということに、人一倍プライドを高く持っているのではあるまいか。

結果を生した起因の、責任の一半が自分にもあると自覚すれば、以降、自身の行動にも一種の義務が生じる。義務は一定の枷《かせ》とも受け取れ、それが、「他人に迷惑を及ぼさず、立派に子どもを育ててみせる」とする自負心に結びつくのではないだろうか。

町自体も、歴史的に、遊興を提供するという、一見華やかではあっても、その実、すべてに受け身であらねばならない性格を持っているから、暗黙のうちにそのことを了解し、団結力とでも呼べそうな仲間意識でもって、町ぐるみで温かく見守り、支え合う仕組みがあったのではなかろうか。

そして、シングルマザーを作った一方の側、男性の家庭が崩壊したという話も、寡聞《かぶん》にして聞かない。

何はともあれ、近ごろ流行現象にさえ映るシングルマザーの集まりや、後援する人権団体の人たちは、祇園の『お母ちゃん』を講師に迎え、子どもの教育や成長について、じっくりはなしを聴かせてもらったらどうだろう。

## 京ではハンチングがよく売れる

ハンチング。帽子で、英語ではこの種の型をキャップ。対して、鍔《つば》のある型をハットと呼ぶ。

ハンチングの名称は、文字通りヨーロッパで狩猟の折に冠ったからで、寒さ対策に耳覆《おお》いの付いた型のもある。何れにせよ、本来はカジュアルな帽子だが、英国ではくだけたツイードジャケットにネクタイ姿の紳士が冠っている場合があるし、仏国ではタクシーの運転手や職人たちがよく冠っていて、ノーネクタイ姿が多い。

鍔のあるハットの方は、夏のコットン製や日除け用の植物繊維のものは別にして、日本でソフト帽と総称されるウール素材のものは、ややドレッシーに見え、冠り慣れない人には少し手が出にくい。

京都では、意外なことにハンチングがよく売れる。買う人の多くはなんと坊さんである。

と書けば、剃髪した禿頭《とくとう》隠しか、とピンと来る人も多いだろう。たしかにその通りではあるが、それなりの理由《わけ》がある。

一口に僧侶といっても、当初から肉食妻帯を許された半俗半僧で戒律のない真宗では、当節、頭を剃っている人の方が珍しいし、他宗派、たとえば禅宗系でも、末寺の住職などは短く刈ってはいても、有髪の人が結構多い。在家の普通人と変わりがないのだから、とり立てて頭を隠す必要もない。

だが、古くから厳しい戒律があった宗派では、なにごとにも、世間並みに柔らかくなったご時世とはいえ、本山に出仕し、相応に上層部の役職に仲間入りしようとすると、矢張り、古来の仕来り通りの格好をしていなければ、なにかにつけて具合が悪い。外面的なことでさえ不利に働く。

坊さんは方外《ほうがい》の人だから、京都では思いの外よく遊ぶし、それが暗黙のうちに認められてもいる町だ。

坊さんといえども、寺務や宗派と関わりのない、プライベートな折に町を歩く場合、わざわざ僧衣など着けない。一般人と同じように洋服姿である。

中でも、灯ともしごろから祇園町へでも繰り出そうかというとき、なぜかスーツにネクタイ姿になる人が多い。それなりに改まったつもりなのかも知れない。

はなしの佳境はここからで、雲水時代の長かった人などは、往々にして眼光に独特の鋭さを帯びて来る。その人が黒っぽいスーツを着て無帽で夜の町を歩くと、通行人のうち、一〇人中半分以上がギョッとする。その筋の人などと間違えるのだ。反対に、わけ知り事情通が見ると、ひと眼で「ははん、今晩もまた遊んではるな。お寺さんは結構なことや」となる。

これでは何とも体裁が悪い。かくなるうえは、せめて頭なりと隠そうとなって、ハンチングを冠る仕儀となる。ところが、同じ発想の人が多いとみえて、スーツにハンチング姿が、今度は坊さんの夜遊びルック的になってしまう。実に滑稽《こっけい》な風景である。

では、なぜハンチングか。これは単なる想像の域を出ぬが、ソフト帽式のハットは、大概型くずれしやすく、保管にもそれなりに気を遣う。その上、人によっては、ハットを冠ると偉そうに振る舞って見えると信じ込んでいる人がいる。その点、ハンチングは皺《しわ》や型くずれの心配がなく、庶民的である。こんなところが理由ではなかろうか。

それにしても、帽子や洋服のない江戸時代、坊さんたちはそれと知られぬために、どんな扮装をしたのだろう。知りたいものだ。

### 大阪はたったの五百年

大阪の土地にいつから人が住み始めたかとなると、丸で見当もつかないが、もの

石山本願寺跡の大阪城

事を測る尺度の基点としては、明応五年（一四九六）に浄土真宗本願寺八世蓮如《れんにょ》が、当時、俗称で石山と呼ばれた現在の大阪城本丸の位置に、石山道場という、僧坊兼布教所のようなものを建てたのが始まりとするのが一般的である。

それから数えると、ざっと五百年、京都の半分以下の歴史しかない。

なぜ石山の地かというと、ここは大阪市内を南北に貫く上町台地の北の端で、南の方に下がると四天王寺の領地となった。そのころの大阪といえば、現在の中央区船場あたりの地は、海水が入り組む砂洲と浅瀬の湿地で、陸地らしい所は上町台地ぐらいであった。

後に、豊臣秀吉も全く同じ場所に大阪城を築くが、恐らく最適地として、これ以外の位置は考えられなかったのだろう。

大阪の地名もかなりいい加減で、古代には難波《なにわ》と呼ばれたが、明応五年に書かれた『本願寺蓮如消息』には「攝津東成郡生玉之庄内、大坂トイフ在所」とあり、後に他の人が書いた文書には小坂《おさか》本願寺ともあって、はっきり決まった地名漢字ではなかったようだ。江戸時代はずっと大坂だが、住吉大社の石灯籠《いしどうろう》や道標には、現在のごとく大阪とこざと偏で刻まれてもいる。今日のように大阪と統一され出したのは、明治十年前後からである。

この曖昧《あいまい》でどっちつかずなところは、「まあ、堅いこと言わんと、どっちゃでもよろしいがな」の、いかにも大阪らしく、町の始まりから既《すで》にして大阪的であったようだ。

先の石山道場は蓮如の隠居所のような所であったが、天文《てんぶん》元年（一五三二）十世証如の時代に、山科にあった本願寺が、六角定頼軍と法華門徒に焼打ちされ、大坂の石山に本山を移転して来て、巨大な規模の石山本願寺が建立された。

この寺は、本山を中心に形成された寺内町で、同時に軍事基地、要塞都市でもあった。大勢の僧侶は勿論、兵である武士、商人から職人まで様々な職種の人が二万人以上も住んでいた。

恐らく、当時の日本では一番繁盛した特殊宗教都市で、そのころ、日本に滞在して石山本願寺を実見した、耶蘇会士《やそかいし》ビレラの手紙には「日本国の富の大半はこの坊主の所有なり」とある。

往時の浄土真宗は、一向宗とか念仏宗と呼ばれ、正に怒濤の勢いで、関東から以西の土地は、念仏に憑かれたように人々を風靡《ふうび》していた。ただし、一向宗は、各地の大名や土豪にとっては有難くない宗派でもあった。

この宗派は平等観を尊ぶあまり、自分たちの上に大名のような権力者を戴くことをよしとせず、講《こう》とか惣《そう》と呼ばれる自治組織を作り、同朋《どうぼう》と呼ぶ同信者（門徒）の土地と利益を共同で武装し自主管理した。ある意味では民主的であったが、当時はそんな概念は通用せず、大名の権力に従わない反抗者の団体のごとく思われた。

戦国大名というのは領地の広さが、即権力を表わす尺度で、勢力そのものを示すのである。文字通りの陣取り合戦だから、領地の中や周辺に、恰《あたか》も、杭を打って鉄条網を張りめぐらすごとく、講や惣が存在するとあっては目障りで仕方がない。

しかも、講や惣には門徒の牢人《ろうにん》（仕官せぬはぐれ者の武士）も大勢いて、農民の方も、いつでも武器をとって兵に転じる臨戦体制で、それらが僧侶を中心に団結していたから、大名といえども、迂闊に手を出せなかった。その上、各地の講や惣は、信仰を通じて横にしっかり連携していたから、何かあればすぐに援軍が来る。

大名たちはほとほと手を焼き、持て余した。各地でいざこざが起ったが、大抵は、大名側が手こずることが多く、中でも、越前の朝倉家などは、逆に壊滅寸前までの打撃を受けたほどであった。

何しろ、このころの門徒の間には、教義を曲解して、死ねば極楽往生できると、まるで死ぬことが人間の目的であるかのごとく信じ、死を怖れぬばかりか、自ら進んで死を望む者すらいたから、基本的には、命あってのものだねである大名側とは、根元的に姿勢が違った。

命知らずの連中を相手に、本気で戦《いくさ》をするなんてことは、当時の大名ですら怖れ、出来るだけ回避したがった。

## 大坂に信長現わる

そんな時勢に登場して来たのが、織田信長である。

信長という人物は、それまでの日本人とは全く異なる、異邦人のような男で、信仰を持たぬだけでなく、信仰という行為を毛嫌いし、従来からあった、信仰に絡む旧体制的なもの全てを拒否する思想があった。そして、自分の権力拡張のためには、配下や親族縁者といえども容赦なく殺戮《さつりく》し、その所業に何らの後ろめたさも覚えない人間であった。

改革派などという甘いものではなく、旧秩序旧体制倫理観全否定、唯我独尊《ゆいがどくそん》のみが自分の進む途《みち》といった風な凄まじい男である。必然、先の石山本願寺勢と対決した。石山合戦の始まりである。

当時の本願寺は顕如《けんにょ》門主を中心に一致団結していて、実質的な戦闘員は二万人以上にものぼるとみられ、その上、彼らは長期戦に備え籠城体制をとっていた。加えて、ほぼ全員が門徒といえる紀州の雑賀《さいが》衆（和歌山の土豪集団で、鉄砲部隊としては、当時、日本一というよりも世界一の戦闘要員集団）や、反信長色の強い中国地方の覇《は》者《しゃ》毛利家など、各地の大名小名が加勢したから、史上最大の宗教戦争となった。

さしもの信長も、この戦争には閉口し困りはてた。戦は延々十年にも及び、間隔を置いて続けられたが、一進一退ばかりで、しかも、本願寺勢には領地拡張の野望などないため、それまで戦って来た大名相手の戦争とは、ことごとく勝手が違った。戦争の意味と目的が、信長の規範とはおおよそ異なっていた。根本における価値観の違いである。

恐らく、信長としては、人生最大の失点であったろう。大きな誤算である。戦争そのものを持て余した信長は、朝廷に斡旋を依頼して、両者の顔を立てて和睦することにし、互いに誓紙まで交した。

戦争に介入せぬ筈の天皇が乗り出し、しかも、信長自身も己の面目を引っ込め、実を採った。彼にとっても朝廷にとっても、前代未聞の出来事といえた。というのも、信長にしてみれば、その後も天下を取るには、対決して潰さねばならぬ大名家がいくつもあり、石山合戦の泥沼に腰まで浸ってしまうと、自軍の体力自体が衰え、下手をすると、その弱味を衝いて、毛利家などから逆襲されかねない情況にあった。そして、仮に勝ったとしても、本願寺には取り上げるほどの領地がなく、そうなると、部下に恩賞すら与えられない。これでは、戦国時代の特色である、国盗り合戦の意味を為さなくなってしまう。

一方の本願寺は、門主の顕如が停戦和睦に賛成し、石山本願寺を捨て、一族郎党を引き連れ、和歌山の鷺森《さぎのもり》の地へ移転することを決めた。が、長男の教如《きょうにょ》は戦闘継続派で退去に反対した。

顕如門主はこれ以上の戦争を望まず、反対派を圧さえて和歌山へ移った。だが、石山本願寺開け渡し直後、内部から火が出て、さしもの城塞寺院も消滅してしまった。反対派による放火だといわれている。

このことが尾を引き、顕如没後、本願寺内部に、戦闘派である長男教如の一派と、穏健派で門主職を継いだ弟の准如《じゅんにょ》一派の間で意見対立が続き、後年、その事情に家康がつけ込み、真宗勢力を二分するため、東西に分派させ、西の本願寺は准如が門主、東は教如が門主となって今日に至るのである。

一時は信長の策略が功を奏し、天下統一近しを思わせたが、伏兵現わるで、彼は本能寺に宿泊中、配下の明智光秀の謀反で殺された。

## ついに秀吉登場

跡目を襲った秀吉は、旧主の信長を徹底的に反面教師とした。この人物は世知に長け、人情の機微を知り抜いた男だった。世俗的な意味で、信長よりはるかに利口で、政治家らしいといえる。

秀吉は信長の生存中、家来として旧主の遣り方を見ながら、「俺ならこんな遣り方はしない」と思うことが度々あったろう。けれども批判的なことは口にせず、一見諾々と忠実でよく気の利く配下であり続けた。

そして、一旦、自分の天下が訪れるや、旧主信長とは一八〇度転換した方法をとり出した。日本人の体質の奥深くにあり、揺すぶってやると必ず目覚める、義理や人情に訴える手段に転じた。その代表的な例が、本願寺との仲である。

秀吉は、信長時代とは一変して、本願寺とは仲良く、共存共栄する方策をとった。たしかにその方が得策である。相手は領土的な野心がなく、相応に信仰の自由を認め、門主の顔を立て一定の自治権を与えておけば、自分たちから戦いを挑んで来るような連中ではない。それどころか、うまくすると味方にさえなってくれるかも知れない。

それで、京都の六条の地（現在の西本願寺とその門前町一帯）に広大な土地を与え、本願寺を再建させた。自分は、消失した石山本願寺の跡地に大坂城を建てた。

秀吉は、かって信長が安土城時代、楽市・楽座として、町を大繁盛させたことや、堺が自由都市として繁栄したことをよく知悉《ちしつ》していて、商人には自由を許す方が、町自体が活気を帯びる筈と考えた。そこで、大坂城下の湿地を、徹底的に埋め立てさせ、商人中心の町を造らせた。その埋め立ては、江戸期から明治になっても続く。

こうして、今日に至る商業都市大阪の土台が出来たわけだが、ここまで長々と、大阪の由緒いわれを書き連ねたのは、大阪は石山本願寺という宗教都市に始まり、現代まで浄土真宗信者（門徒）が圧倒的に多く、その子孫が綿々と続いていて、真宗的な考え方が、大阪的とか大阪人らしいと呼ばれる、独特の風土性や精神構造の形成に、ひと役もふた役も買っていると思われるからである。

### 大阪的リアリズムと合理主義

映画、テレビ、各種イベントで幽霊物や妖怪物をやっても、関東に比べて大阪ではそれほど受けないという。興行的に成功しにくいのだ。

幽霊を見たとか幽霊が出た、という話を聞くと、大抵の大阪人は「そんな阿呆な」とか「そら、寝惚けて何ぞと見間違えたんやろう」といった反応をし、それ以上は話があまり進まない。更にしつこく「いや、本当に見た」とでも言い張ろうものなら、「あいつ頭おかしいで」と当人の人格まで疑われかねない。

この文明科学の時代に、幽霊や妖怪の話題というのは、大阪人にとって、単なる話題作りの季節ネタか、安物ジャーナリズムのデッチあげとしか思えないのだ。ある意味では冷めているともいえる。

こんなにも現実的な大阪の土壌は、前項で述べた、大阪人と浄土真宗の深い関係に根ざしていると思われるフシが強い。

浄土真宗の宗祖親鸞《しんらん》は、あの時代（鎌倉期）既にして迷信や呪《まじな》いめいた事柄を全面的に否定した人である。そのことは真宗の教えの大きな柱のひとつでもあった。

当時の日本は、鎌倉時代の後の室町時代でさえ、民衆の多くは、世間にはびこる迷信や呪いの類《たぐい》に惑わされ、人々はそうした不健全な民間信仰めいた風潮に、自身の生活秩序を乱され、自縛的暮らしによって、悪益ばかりがもたらされていることに気付かず、右往左往するのが常であった。

浄土真宗の教えである、念仏によって万人すべてが済《すく》われる、とする思想を受容れた門徒たちは、同時に呪《まじな》いや占いを否定する科学性を持つ、現実的な考え方を身につけた。一種の『人間開放』である。

また、親鸞は、「心の病《やまい》は宗教で治せるが、躰の病は治せない。躰の病を治すのは薬師《くすし》（医者と薬）である」ととれる説も説《と》いた。これは完全に科学主義の宣言であると理解できる。

畢竟《ひっきょう》、浄土真宗とは心の安寧を説くもので、現世利益とはよほど縁遠いものであった。

表⑯は、大阪人がいかに現世利益的なものに期待しないかの一端を表わすデータである。

拝んでも念じても、それだけで現世的な金儲けや物欲が満たされるものではないとなれば、これはもう、我と我が身で懸命に働くしかない。大阪人が商売第一と考え、我武者羅《がむしゃら》に働いたのも、こうした現実的な真宗の教えが大いに影響していると思われる。

大阪の船場・道修町《どしょうまち》は、製薬産業の世界的な拠点である。他方、越中富山も古くから製薬業が盛んである。そして、広島は医師の数が多い。この三箇所のどこもが浄土真宗と深く関わっている。

大阪は何度も述べたように門徒が圧倒的に多い。富山も今もって熱烈な門徒が多い土地で、もう一箇所の広島は、昔から安芸門徒と呼ばれる、これまた熱心な真宗信者の多い所であるうえ、ある時代、毛利家が本願寺に本山を広島へ移さないかと誘ったほどの土地である。三箇所とも、真宗の教えに深く根ざした科学的な発想が、現代社会の中に昇華した現われであろう。

**表⑯【神仏に対する期待度】**

| | |
|---|---|
| ① | 福島 |
| ② | 群馬 |
| 〜 | |
| ⑭ | 京都 |
| 〜 | |
| ㉞ | 兵庫（神戸） |
| 〜 | |
| ㊸ | 東京 |
| ㊹ | 大阪 |
| 〜 | |
| ㊼ | 千葉 |

NHK出版『現代の県民気質』より抽出

江戸時代に入ると、真宗は武家社会の庇護（寺領や年貢《ねんぐ》）を全く受けず、独立独歩でやって来た。経済的に支えたのは門徒たちで、寺自体も信徒のもの（檀家制）として成り立ち、彼らの寄進や志納、布施によって財政が維持された。権力構造に借りがないとなれば、へつらい頭を下げる必要もない。

中でも大阪の場合、徳川幕府成立直後の短期間は統治者がいたが、幕末までの大半の時代は天領で、大坂城代と称する飾り物的な人物が大坂城にいるだけだった。この役は譜代大名が老中へ昇る為の一種の出世コースで、在職中は官僚として、何事も起こさず起こらず変化なしが最善であった。

実際の町政は、惣会所《そうかいしょ》（町会所）と呼ばれる民間組織による自主運営で、現代《いま》風にいえば、完全民間指導型社会であった。

上から圧さえつける権力構造が弱く、自主性自発性に富むとなると、自然に自由気ままな風土が芽ばえて来る。あげくは役人を虚仮《こけ》にし、自分自身の力に頼る、腕一本の叩き上げ式思考が強くなる。

大坂は、江戸時代を通じて、他の土地と比べ信じられぬほど武士の数が少なかった。そのせいで、肩肱《かたひじ》張った堅苦しさが皆無に近く、真宗の影響で平等観も根強い。しかも、天領は大名領に比べ年貢が安い——というよりも、幕府として諸藩に手本を示すため、四公六民という徴税基準をしっかり守った。大商人には様々な型で一種の税金がかかったが、使用人クラスの庶民はほとんど無税であった。

土着風土や郷土性というものは、古くからの環境要因や質朴な思想が、複雑に交ざり合って出来上がる。

今日、大阪人らしいとか、大阪的といわれる独特な気風は、これまでに述べて来た、浄土真宗の教えやありよう、町人優遇の行政、為政者不在とでも呼べそうな社会構造、これらの要素が相俟って、時を経るうち、個々の大阪人の中に遺伝的とでも言うべき形で定着し、ほぼ元禄時代に完成されたものだろう。

商売というものは、リアリストであるのと併せて、合理主義者でなければ成功しない。大阪の合理主義とは、商道の中での無駄を省き、実利をとるというのが基本である。型式や威厳、利益と関係のない体裁などは全て無駄である。この発想が市民生活、それも私生活の中にまで深く滲《し》み込み、他所の人からみると、「大阪人はちょっと変」と映るほどになった。

と同時に、大阪人の頭の中には、お上《かみ》を無視したり軽視する風潮も生じた。案外、役人の存在そのものを、社会構造の中での大きな無駄、とでも思っているのが本音かも知れない。してみると、大阪人はアナーキスト的なのかとも疑ってみたくなる。

江戸時代後期の大坂の町人学者に山片蟠桃《やまがたばんとう》という人がいる。通称は升屋小右衛門といい、山片は主家升屋（両替商）の本姓で、蟠桃は当人がその店の番頭であることをもじったものである。

この筆名の由来だけでも、かなり大阪的でユーモラスだが、彼は昼は商人、夜は学者とでも呼びたくなるほどの二面性を持った人で、その両面に素晴しい才能を発揮した。

彼は丁稚《でっち》として升屋に雇われたが、主人が中々理解のある人で、学問することを奨励し、そのために時間を割くことを許した。ところが、肝心の主人が幼少の子供を残して早死してしまい、升屋の店自体が少し左前になった。

蟠桃は、それから幼い主人を立てて猛烈に働き、見事、升屋を立て直した。そうなれば当然、周囲から暖簾《のれん》分けという話が出て来る。しかし、当人は旧主には大恩がある、とその種の話を頑として受けつけず、一生を番頭で通した。商人の鑑《かがみ》たる男である。

一方、学者としては実にユニークで、儒学や天文学、蘭学などを学んだが、自然科学の知識を生かし、徹底的に合理主義を前面に出した独創的な学風を立てた。たとえば、その時代に早くも『地動説』を唱え、周りの人を愕《おどろ》かせた。

彼は、自らが無神論者であることを公言して憚《はばか》らず、鬼の存在など迷信であるとして、とことん否定した。当然、呪《まじな》い的なものも寄せつけなかった。面白いことに、それより少し前の時代になるが、幕府の御用学者であった新井白石は、鬼の類《たぐい》の存在を信じていた。

蟠桃に関しては、ここからが眼目。

合理主義者、現実主義者であった彼は、播磨《はりま》（兵庫県南部）の人である。この辺りは、今も昔も浄土真宗の盛んな土地で、大阪人的な思考や発想が似ている。勿《もち》論《ろん》、地勢が近いこともあるが。

蟠桃の主張する無神論や、迷信の類を一切否定する姿勢は、信仰心はともかくとして、極めて真宗的である。特に蟠桃が生きた時代は、現在《いま》よりも遥かに信仰そのものが盛んで、生活に密着していただろう。彼が物心つく前から、そうした合理的現実的な思考が、生地に蔓延《まんえん》していた筈で、ゆえに、無意識のうちにも、遺伝子的な部分に滲み込み、彼の人間形成に、多大な影響を与えていたのではないかと想像される。

### 大阪人の饒舌と不作法

大阪人は手より先に口が動く。

お喋りでイラチ（セッカチ）なのは、大阪人の特筆大書すべき特徴だ。

大阪では、注文してから三十分も待たないと出来上がらない食べ物屋なんて、先ず流行《はや》らない。反対に、注文してさっと出て来る、恰《あたか》も作り置きしてあったのではないか、と疑いたくなるような店でも、「おっ、早いなあ」とにっこりされる。

尤も、それで味が不味ければ、「二度と来るか」となるし、場合によれば、お節介にも友人知己に「あんな店、絶対に行くなよ」なんて触れ回る。大阪人にとって、食べ物の恨みは骨髄に徹すのごとく、営業妨害もへっちゃらで、親切な社会奉仕であるがごとくに思っているほどだ。

大阪人が理由《わけ》もなくイラチでお喋り、その上、他所の人から見ると不作法に映るのは、これ全て、歴史的背景から来る環境のせいに相違ない。

前項でも述べた通り、大阪には実質的な意味での支配者はいなかった。支配者とは江戸期を通じて武士階級のことである。明治以降、天皇は東京に去り、政府も東京であったから、これまたお上《かみ》の威光が届かぬ土地だった。

大名領ならば、小さな藩でも、行政の多くは武士が司《つかさど》り、それなりの締めつけがあった。箍《たが》をはめられたような状態に近いと言いかえてもよい。

更に、一定の数の武士層があると、必ず武家奉公という働き口があった。女中や下男を使う身分の家では、人材として農工商の子弟を採用するからだ。

概《おおむ》ね、武家社会は堅苦しい。上下関係、男女関係のけじめに始まり、立居振舞いの礼儀作法から口の利き方まで、ひとつの決め事がある。それに従うことが美学にまでなっていた。これらの仕来りは、節度や品位にもつながった。

庶民が武家奉公すると、そうした挙措《きよそ》が自然身について来る。中でも女性の場合は、はっきりと行儀見習いを目的に勤める人も多かった。

行儀作法を身につけると、女性にとっては縁談に有利だし、男性でも周囲から知的な人物として一目置かれることがままある。いうならばその人の経歴に箔や値打ちがついた。

勤めは年季奉公が多いから、教育された人材が次々と庶民の暮らしの中へ戻って来て、周りの人に自動的といえるほどに影響を与え、それが土地の気風にもなっていく。

大阪には、この手の要素がさっぱり無かった。もちろん、大阪にも幕府の出先機関以外に、蔵屋敷と称する各藩の出先機関もあるにはあった。これは大名家や大身旗本など、自領を持っている人たちが、領内の産物（主に米）を売り捌くための窓口で、屋敷の数は多かったが要員は少なく、また詰めている武士も、振舞い酒の算段に忙しいばかりで、逆に町人化商人化していたから、何らの影響力もなかった。

天領は全国各地にあって、押し並《な》べて暮らし向きは楽だった。大阪はその中で数少ない大都市だが、昔から「天領は人気《じんき》が悪い」といわれた。人気とは気質である。箍《たが》が外れていたといえばよいか。

京都も天領だったが、こちらは武家より一段とうるさいほどの格式がある公家や仏教の社会があったから、節度や品位が土地に滲み込んでいて、今もって別格的な土地である。

大阪には豪商と呼ばれる特権階級がいて、この人たちは独特な節度や品位を持っていたが、人口のほとんどは零細業者やその使用人であったゆえ、多勢に無勢の観で、生活態度の面では影響力はあまりなかった。

行政面での指導力が弱く、しかも、その日暮らし的な感覚が強い庶民、わけても町人が圧倒的多数を占めると、必然的に公（社会）というものに対する認識や責任感が稀薄になって来る。これは、公共的道徳心の低下にもつながる。

大阪人が饒舌なのは、商売人が多いからである。商売というのは無口では務まらない（武家や農業なら務まる）。

客を前にして、売るべくあの手この手で、自分に有利なように、相手を手玉に取る必要がある。一種の演技ともいえる。客の方も同種の人間が多いから、成り行きとして、会話のやりとりが芝居がかって来る。

商売上の会話は、宥《なだ》めたり賺《すか》したり、上げたり下げたりで、喧嘩にならないよう駆け引きする。相手の感情を害さぬためには、ユーモアの衣に包《くる》むに限る。こうして、漫才調の会話が生れた。

もうひとつ、喋ることは無料《ただ》である。しかも、コミュニケーションの結果として、新知識も得られる。井戸端会議の例だ。大阪ではこれが金のない庶民の娯楽にまでなった。ビンボーな人は、喋って食べて寝るだけが楽しみだから、食べることにもうるさくなる。その条件を満たすだけの、恵まれた食素材や店も選りどり見どりにある。

イラチと呼ばれる落ちつきのなさも、今や大阪の風土病的ともいえるが、これも早い者勝ち式の、社会秩序のなさが、長年のうちに習い性になり、反省も注意もないまま、年月を経て今日のごとく土着風土と化したのであろう。

不作法については、先にも述べた通りで、武家地でなかったせいが、最大の理由であると思《おぼ》しい。それだからこそ、船場の豊かな商家などでは、親が土地柄の悪さを承知していて、子女に茶の湯、立花《りっか》、箏《こと》、長唄、舞などを習わせ、上品さが身につくよう熱心に教育した。

約《つづ》めて言えば、大阪という土地は公の権威がなさ過ぎる。少年犯罪が多いのも、一般犯罪が増えるのも、公に対する道徳心や責任感が弱いからだ。公というものを無礼《なめ》た人間が多過ぎるのである。

公の一翼である役所の方も、公であることの弁《わきま》えを忘れ、昔の蔵役人ではあるまいに、妙に町人化し、オリンピックやＵＳＪにみられる通り、イベントと称する香《や》具師《し》的行為や発想にばかり傾いている。

### 歴史のなさが武器の神戸

神戸が都市化したのは、慶応三年（一八六七）に、神戸港として開港してからである。

街道筋としては、山陽道が走り宿駅もあったが、紫式部が生きた時代は、明石ノ浦や須磨《すま》ノ浦は単に風光明媚な地に過ぎず、一帯は人口の少ない漁村地帯であった。

では、歴史らしいものがないかというと、そうでもなく、ある時代、脚光を浴びかけた。平安時代の治承《じしょう》四年（一一八〇）、太政大臣平清盛の政権末期近くになって、福原（現神戸市兵庫区）に福原京を造り、一旦は遷都《せんと》した。何と神戸に都が存在したのである。

移した理由は、平安京にいては、延暦寺や奈良の興福寺などが抱える僧兵（僧とは名ばかりの、一種の荒くれ部隊）などの寺社勢力がうるさく、それらとの摩擦を避けるためである。

しかし、肝心の天皇一族や公家連中が福原の地を厭がった。それはそうだろう。戦乱が続くとはいえ、平安京は華やいだ都会である。それが突然、海しかないような鄙《ひな》びた土地に連れて行かれようとしたものだから、厭がるのも無理はない。

清盛は、この地を基地に、対宋貿易を発展させたかったようだが、後の世の堺にはならなかった。

で、結局は、たったの六箇月弱の短い期間で、再び都は京へ戻された。その後、源平の争いが起き、神戸一帯は度々戦場となったが、やがて源氏の天下が来た。

もし、そのまま福原が続いていれば、日本の歴史はどうなったか見当もつかない。けれども、それを言うのは禁句である。

戦国時代には、花隈城《はなくま》(現神戸市中央区)といった小さな城に、小大名がいる時期もあったが、江戸時代前期は尼崎藩領で、次第に灘五郷の酒造業が活気づいた。だが、幕府が甘い汁を見逃すわけがなく、一帯を上地《じょうち》(上知《あげち》とも言い、領地を没収すること)させ、直轄領として、神戸勤番所を置いた。

江戸時代中期に入ると、瀬戸内海を経て日本海廻りで、東北地方の出羽国とを結ぶ北前船《きたまえぶね》の航路が開発され、千石級の船が往来するようになった。当時の大坂の海は流れ込む川が多く、土砂が堆積《たいせき》して浅くなりがちで、大型船は座礁《ざしょう》の恐れがあるため、北前船では危険が多かった。

そこで眼をつけられたのが、水深のある兵庫の海である。前記の北前船は兵庫の海を発着の基地とするようになり、出羽など日本海沿いの地方からの米や、その他の荷は、兵庫の海に着き沖合で小船に積みかえられ、大坂へ再度運ばれるケースが増えた。そのため、神戸には北前船の廻船問屋が軒を並べるようになり、最盛時は人口二万人余りを誇る町となった。それでも、京坂の人口とは比べるべくもなく、荷役《にえき》と船舶事務が主体の小さな町であった。

幕末になると、海軍操練所が設置され、勝海舟や坂本龍馬がいた時期もあったが、それも短い。

慶応三年の開港後は、兵庫津に代って港湾施設が整備され、やがて居留地も出来て、貿易の町として発展した。特に航空便が未発達な戦前までは、ヨーロッパ航路の最終着発地として、バタ臭い町、ハイカラな町で繁盛し、その匂いは今も色濃く残っている。

尤も、維新直後のころ、若き伊藤博文が、神戸の責任者として短期間滞在したことがあったが、夜になると一杯呑むのにも不自由する、閑散とした所であったため、彼は従者に馬の轡《くつわ》をとらせ、西宮の札場辻《ふだばつじ》まで夜な夜な呑みに通ったという。西宮は西国街道の宿場で、当時、阪神間では一番賑わっていた。

このように、神戸には歴史的なしがらみしきものが無いため、逆にそれが幸いして、近代的で味のある町が出来た。

明治後に突然大きくなった町には、たとえば、福島県の郡山《こおりやま》などがあるが、鉄道の分岐点で町自体はそれなりに大きいものの、県庁所在地でもなく、今も没個性の平凡な町に過ぎない。こうした例と比べると、神戸は全く違う。

明治の最初期、姫路県として、姫路に県庁が置かれた時期があったが、姫路藩酒井家は徳川家の譜代であったため冷遇されて、結局は兵庫県となって、神戸が県庁所在地と決まった。

因みに、一般の例として、その地方で一番大きかった城下町（藩庁のあった）が、そのまま県庁所在地となり、県名にもなった所は、例外もあるが、幕末の戊辰《ぼしん》戦争前後、官軍側に加担した藩のあった場所、つまり、勤王色が濃厚かそれに追従した土地が多い。

逆の典型は、先の福島県で、会津県となるべきなのに、徹底的に幕府側であったため、単なる地方都市にされてしまった。

神戸の地に、風土性なり神戸人らしさなるものがあるとすれば、それは開港後に出来たと考えて差し支えないだろう。

人の構成要素としては、多数の播州人とそれより少ない大阪人が混合したものと推察される。が、ヨーロッパ航路の重要港で、年中、外国船が出入りしたから、その内、神戸が気に入って陸に揚がってしまったヨーロッパ人、ロシア革命から逃れて来た白系露人、上海方面からの中国人たちが棲みつき、彼らの持つ文化と意識がミックスし、神戸独特の雰囲気と気質を創り出すのに、大きく寄与したのだと思われる。

だから気性はさっぱりしていて、新しいものに抵抗がなく、排他性がないといった特徴がある。

外国航路の乗組員たちに、わけても神戸が好評だったのは飲料用の水である。新神戸駅のすぐ上にある布引《ぬのびき》の滝の水だが、『コウベ・ウォーター』と呼ばれ、今や迷信に近いほど旨いと思い込まれ、港にはコイン式の船舶用自動給水器まである。

人間というのは、何かひとつ気に入ったものが見つかると、その町全体がよく見えて来るようで、コウベ・ウォーターに端を発して、コウベ・ビーフに至る食べ物のイメージが、国際的にブランド化し、神戸は住み佳い町といった評価となって定着した。

たしかに神戸には、大阪のミナミに見られるような泥臭さはないし、京都にある重苦しいばかりの閉鎖性もない。そんな意味で、同じ関西でありながら、京阪地区に比べ、神戸は似て非なる町の典型といえる。

# 八◎三都のことばと思考

## ❀名作を、京ことば・大阪弁・神戸弁に翻訳すれば

関西以外の人の耳には、京ことば、大阪弁、神戸弁の区別はつきにくく、同じような語尾下がりのイントネーションに聴こえる場合が多い。関西の言葉は、アクセントやイントネーションのみに限ると、東京とは正反対である。

しかし、関西、わけても京阪神に長く住む人が聴くと、三都の言葉には明らかな違いがある。

因みに、京都弁という呼び方は間違いで、京都は『京ことば』でなければならず、大阪弁は正しいとしても、大阪ことばとはあまり言わず、その場合は『浪華《なにわ》ことば』と表わす方が座りがよい。『神戸弁』という表現はほとんど用いられず、日常的にも、京阪ほどに取り立てて方言として述べられることもないが、ここでは便宜上『神戸弁』としておく。

『京ことば』は明らかに公家ことばの影響が色濃いもので、『大阪弁』はその系譜に河内弁や泉州弁が混ざったものである。『神戸弁』はその大阪弁に播州《ばんしゅう》ことばが混合したものだが、比率としては、播州色の方が強いように思われる。

活字の上で三都の言葉の違いを表わすには、よく知られた文芸作品の一節を、夫夫の言葉に翻訳するのが解りやすいだろう。

最初は、読んだことのない人でも知っている川端康成の名作『雪国』の冒頭部。

原文は、

『国境の長いトンネルを抜けると雪国であった。夜の底が白くなった。信号所に汽車が止まった。

向側の座席から娘が立って来て、島村の前のガラス窓を落した。雪の冷気が流れこんだ。娘は窓いっぱいに乗り出して、遠くへ叫ぶように、

「駅長さあん、駅長さあん。」』（昭和文学全集5　小学館より）

方言には書き言葉はなく、会話体が主だから、翻訳すると話し言葉になってしまうのはご容赦いただくとして、先ずは京ことば。

〈国境の長あいトンネルを抜けましたら雪国どした。夜の底が白うなっておして、信号所に汽車が止まったんどす。

向側の座席から娘はんが立って来やはって、島村はんの前のガラス窓落さはったさかい、雪の冷気が流れ込んで来たんどす。娘はん窓いっぱいに乗り出さはって、遠《と》いとこへ叫ぶみたいに、

「駅長はあん、駅長はあん」〉

次は大阪弁。

〈国境の長いトンネルを抜けたら雪国だしたんや。夜の底が白うになっておました。信号所に汽車が止まりよりましてな。

向いの席から娘はんが立って来はって、島村はんの前のガラス窓落しはりましたよって、雪の冷気が流れこんで来よりましてな。娘はん窓いっぱいに乗り出しはってから、遠《と》いとこへ叫ぶみたいに、

「駅長はーん、駅長はーん」〉

今度は神戸弁。

〈国境の長いトンネルを抜けたら雪国やったんや。夜の底が白うなっとって、信号所で汽車が止まってしもた。

向う側の座席から娘さんが立って来よって、島村さんの前のガラス窓を落したら、雪の冷気が流れこんで来よった。娘さんが窓いっぱいに乗り出しよって、遠くへ叫ぶみたいに、

「駅長さん、駅長さん」〉

次はお馴染みのシェイクスピアの『ハムレット』から、第三幕第一場の名高いセ

リフ。原文は、

『ハムレット　生きるのか、生きないのか、問題はそこだ。どちらが気高い態度だろう？　理不尽な運命のむごい仕打ちを心ひとつに耐え忍ぶか、それともあえて武器をとって苦難の嵐にたちむかい、力まかせにねじふせるか。死ぬ、そして眠る――それだけのことだ』（世界文学全集シェイクスピア「ハムレット」永川玲二訳より集英社）

これを京ことばで。

〈ハムレット　生きる方がよろしおすんやろうか、生きひん方がよろしおすんやろか、肝心なとこはそこどすさかい。どっちが気位の高い態度というもんどすやろ。道理に合わひんきつい仕打ちを、気持ちひとつにしてじいっと辛抱するか、そやのうて、無理にも武器とってくるしい嵐に向うて、力まかせにねじふせるのんがよろしおすんやろか。死んでしまう。そんで寝てしまう――そんだけのことどすがな〉

大阪弁ならば。

〈ハムレット　生きとったらええんやろか、生きなんだ方がええのやろか、肝心なとこはそこだっせ。どっちゃが気高い格好ちゅうもんやろう？　むちゃくちゃな運命のむごい仕打ちを気ィひとつにしてしんぼするんか、そやのうて、わざわざ武器とってからに、めんど臭い嵐に向うて、くそ力でねじふせてしもたるのんか。死んでしもて、そんでから寝てまう――そんだけのこっちゃがな〉

神戸弁になると。

〈ハムレット　生きとりたいのか、死んでしまいたいのか、問題はそれやでッ。どっちが気高い態度なんやろか？　理屈に合わんような運命のえらい仕打ちを気持ひとつにしてしんぼうするか、無理して武器をとってやなァー、つらい嵐に向うて力まかせにねじ伏せてしまうか、それとも、死んでしもて、そこで眠ってしまうか、それだけのこっちゃで〉

住む地域によっては異論もあるだろうが、これらの翻訳は飽くまで遊びである。大略、三都の言葉のニュアンスの違いは、こんなものとお解りいただけただろう。

## 京都人の見破り方

前項でも述べた通り、関西人の言葉のアクセントは語尾下がりであるが、その中でも、京都人のアクセントは、他の地域と違って独特なものがある。

自ら京都人を名乗られると、他所の人間には見分けがつきにくいが、ひとつの言葉を発音させるだけで、その人が生粋の京都人か偽京都人かを見破る方法がある。それは『東京』を発音させてみるのだ。

大阪人も神戸人も『東京』の発音は、標準語アクセント辞典にあるのとほぼ近い言い方をするが、京都人に限っては『トウキョウ』を『トオキョ』に近い発音をし、しかも傍点のトオの部分が極端に下がり気味になり、逆にキョは上がり気味になるのである。

大阪人や神戸人は、この京都式の発音を耳にすると、一瞬違和感を覚えると同時に、京都人だと分かる。だが、不思議なもので、同じ関西人同士のせいか、しばらくすると、あまり気にならなくなる。

京都人のアクセントに関しては、もうひとつ面白い現象がある。普通一般には『府庁』と『婦長』はほぼ同じ発音で、会話の場合、前後の意味や脈絡から区別しているが、京都人がこのふたつの言葉を発音すると、妙なアクセントをつけて区別する。これだけは活字上では表現しようがないから、もし機会があれば、知り合いの京都人に発音してもらわれるとよい。

## 「どす」「だす」「とお」

標準語で使われる丁寧語の助動詞「です」や「ます」に該当するのが、京ことばの「どす」や大阪弁の「だす」である。

「そうどす。あの正面に見えてるのんが清水寺どす」

「そうだす。あの正面に見えてるのんが大阪城だす」

といった風に使う。ならば、他所者でもフレーズの最後に「どす」や「だす」を付ければ、必ず京ことばや大阪弁になるかといえば、決してそうはならない。センテンスの夫々に独特な抑揚があるから、東京出身の役者などが、役柄上、京都人や大阪人になって、「どす」や「だす」を多用しても、すればするほど奇妙な言葉に聴こえてしまう。

「どす」は現在でもよく使われるが、「だす」は昨今の大阪の若者はほとんど使わない。厳密にいえばうまく――自然に使えない。

ことばに対する愛着度や拘《こだわ》りが、大阪人に比べ京都人の方がより強いのだろう。

同じ関西人が耳にしても、「どす」終りの京ことばには、先入観のせいか、何となく柔らか味《み》や優しさが感じられるが、大阪の「だす」はいかにも商売気丸出しのようなイメージを受けるのは、風土のせいだろうか。

「どす」とか「だす」は、京都人と大阪人が所を代えて、夫々を習得する気になった場合、さほど難しくはない。

一方、神戸には「とお」という語尾終りがある。「です」「ます」とは少し違ったニュアンスの使い方で、「神戸駅の前に建っとお、大きなビル」とか、「しとお」（している）「行っとお」（行く）といった風に使われるが、神戸地方独特な言い方で、これは大阪にも京都にもない。

## 大阪弁の品位

京ことばや神戸弁には、それを正確に使う限り、ことば自体に極端な品位の差はないが、大阪弁にはかなりの差が聴かれる。地域差や生活環境の差でもあるが、より以上に、使う人の言葉や生活態度に対する意識差が大きいのだろう。

世間一般には、大阪弁は柄が悪く、京ことばは上品というイメージがある。慥《たし》かに、昨今のテレビなどで耳にする大阪弁風の言葉には、そんな受けとめ方をされても仕方のない面が多々ある。

原因ははっきりしている。

目下テレビで売れているヨシモトを主とした関西系の藝人たちに、純粋な船場言葉など喋れる人間は皆無で、ほとんどの視聴者が大阪弁と信じ込んでいるのは、彼らがまき散らす、正体不明、無国籍風の関西訛りなのだから。また、この無国籍風の関西訛りは、不思議なほどに、下品なイントネーションとニュアンスに富んでいる。

なぜそう聴こえるかの理由の第一は、発声の汚さ、発音時の口の開け方のあいまいさにある。

関西弁に関しては、最近よく放送される国会中継でも、アクセントに独特な抑揚があるため、議員の出身地が関西であることはすぐ分かる。

困ったことに、ここでも品位に欠ける大阪弁がまかり通っていた。典型例が、秘書の給与流用問題で議員バッジを外した女性議員だ。絶頂期には関西訛り丸出しで、勢い良く問題議員に詰め寄っていたが、あの関西弁を聴くたびに、心ある大阪人は眉をしかめ、「何と下品な大阪弁」と呆れ溜め息をつき、しまいには「背筋がこそぼうなるなあ」と呟《つぶや》いたものである。

言葉遣いが間違っているのではない。関西訛りのイントネーションが汚いのである。

大阪弁には全国でも珍しいほどに、ニュアンス豊かな柄の悪い単語が沢山あるが、それを並べて喋っているわけではなく、単語自体はごく標準語的なものなのだが、いかんせん抑揚が汚らしく、ある種の丁寧さに欠けるのだ。

抑揚は耳からの世界だから、活字上で表現するのは不可能に近い。既製の好い例としては、昭和三十年代に数多く作られた、京阪神を舞台にした日本映画などがあり、その大阪弁の多くは耳に心地良い。

同じ国会議員でも、『塩爺』こと塩川正十郎氏の大阪弁は、政治向きのことは別にして、話し振りだけでいえば、綺麗な船場言葉に近い。

文学作品の中では、関西を舞台にして書かれた谷崎潤一郎の諸作品が随一で、セリフの部分を大阪生まれの中年女性が声に出して読めば、大抵はさまになる。

## 「さん」と「はん」

京ことばや大阪弁では、往々に何々様の様に該当する接尾語に、「さん」と「はん」を使い分ける。

中でも、「はん」は他所の人にとっては、いかにも京都や大阪らしく感じられるようで、ドラマの京阪物でも、安易に人名の後に付けて用いられる。

しかし、地元では「さん」と「はん」には割と明快な区別がある。

「さん」は、主に自分と同等かそれ以上の立場の人に対してつけ、「はん」は同等かそれ以下の立場の人に対してつける。突っ込んでいえば、「さん」には敬意と丁寧さが籠もっているのに比べ、「はん」の方はより親しみが強い。

だから「運転手さん」「車掌さん」でも構わないが、「運転手はん」「車掌はん」の方がより京阪らしいし、得意先の人でも、平社員ならば「鈴木はん」でもよいが、役職者になると「鈴木さん」が相応《ふさわ》しい。

ここで興味深いのは、前項であげた谷崎作品に対して、「はん」の使い方で間違いがあるとの指摘があることだ。

大阪方言の参考書としては権威があると思われる牧村史陽編の『大阪ことば事典』（講談社）で、『ハン』の項を見ると、谷崎作品の『細雪』で遣われている『ゴリョンハン』（御寮人様）『トォハン』（嬢さん）は無理な発音とし、正しくは『ゴリョンサン』『トォサン』とするべきであると書かれていて、『ハンといえば大阪弁になると思い誤ったミスである』とある。

確かにその通りである。昔の世代に属する船場人の口から、「ごりょんさん」や「とおさん」はよく聞いたが、「ごりょんはん」「とおはん」は全く耳にしたことがない。「こいさん」も同様で、「こいはん」とは言わないし、ましてや「天皇はん」も作意がある以外は「天皇さん」である。

方言というのは、他国生まれの人には本当に難しい。

## 京の丁寧語

近ごろは、社会的に名を知られた人でさえ、「犬に餌をあげてから出かける」とか「もう少しエンジンのパワーを上げてあげれば」などと、臆面もなく口にする時代で、当人はこれが丁寧な言い方として、正しいと思っているのかも知れないが、本来の日本語にこんな用法はない。テレビの悪しき影響である。

他人の子供に菓子を与える場合は、「子供に菓子をあげる」が正しいが、自分の子供には「菓子をやる」である。

少し脱線するが、この「あげる」式日本語の間違いは、大都市（特に東京）ほどひどく、地方へ行くほどそれほどでもない。電波や活字の発信源は主に東京だから、誤った日本語が全国にまき散らされるのは、由々しき問題である。そのうち、標準語でさえも、正しい日本語は地方にのみ残る、という時代が来るかも知れない。

だが、この種の間違いと、京の丁寧語がよく混同される。

京都では、「あんなとこ犬さん走ったはる」「うちの猫、具合悪いんかして、このごろあんまりごはん食べはらへん」といった使い方をし、「京都人は犬猫にまで敬語を使う」と笑い話にされる。が、これは丁寧には言っているが、京都の言葉自体が基本的に丁寧で、「してはる」式の使い方は、意識しての敬語ではなく、京都という土地のことば自体が方言化したものなのである。

それが証拠に、同じ関西でも、大阪弁になると、「あんなとこ犬が走っとおる」「うちの猫、具合悪いんかして、このごろあんまりご飯食べよらん」になる。

それにしても、方言自体が敬語になっている京都とは、何と慎み深く風雅な土地だろう。

## 大阪弁は生活・商売上の知恵

京ことばほどには丁寧ではないが、大阪の商人が使う言葉——伝統的な船場言葉も、普通語と丁寧語を混ぜ合わせたような、実に便利な方言である。

おそらく、客に失礼があってはならないとする、基本的な対人関係重視の発想から生まれたものだろうが、それが次第に暮らしの中にまで入り、日常生活に独特のやわらか味を醸《かも》し出している。

例えば、ある菓子屋で物を買って、店員が包んでくれるのを待っていたとする。ところが、店員の動作が手早くなく、客の方が大阪的に苛々《いらいら》し出す。店の主人がそれと気付いて、店員に「早ようしなはらんかいな。お客さんお待ちになってはるやないの。（客に向かって）どうも鈍《どん》なことですんまへん。新人ですねん、かんにんしとくれやっしゃ」

といった風に詫びる。これが標準語だと、

「早くしなさいよ。お客さんが待ってられるわよ。どうも新人なものですから遅くなってすいません。ごかんべん下さい」

なんとなく素っ気ないし、かえって客の方が、店の人の人間関係を悪くする張本人のごとく思われそうである。

これが日常の暮らしの中に入ると、たとえば、妻が夫に呑み過ぎの注意を促す場合、標準語ならば、

「あなた、毎晩そんなに呑んでたら、しまいに躰こわすわよ。もし、あなたが病気にでもなったら、家族の者どうすんのよ」

となるところが、これが大阪弁になると、

「あんさん、毎晩そないに呑んではったら、しまいに躰こわしはりますがな。もしも、あんさんが病気にでもなりはったら、家族の者《もん》どないしますのん」

全体にやわらかく、少し夫を立てているようで角が立ちにくい。

この種の小言は、喧嘩を売っているわけではないのだから、売り言葉に買い言葉風にならないに越したことはないだろう。

## 左翼好きで天皇ばんざいの京都人

古都に住む人は、総じて日常感覚が保守的で、それゆえ、旧《ふる》くからの仕来りにも徹底して拘《こだわ》り、拘ること自体が誇りにもなっている。

当然のごとく、京都人は天皇という存在が大好きである。なにせ、本来は京都の中心であり、看板であった人である。そして、今もって「東京へちょっと貸したあるだけの人」だから。

天子さま、天皇さん、天朝さん、みかど、おおぎみ、すめらみかど、と様々に呼び馴わし、京都人の心の支柱と思われた人であっただけに、今日も、天皇や皇族方が入京されるとなると、可能ならばこの眼で見てみたいと出かけて行きもする。

それに、規模は小さくなったとはいえ、御所もちゃんとあるし、そこには宮内庁の事務所もある。

だが、不思議なことに、この京都は古くから左翼好きが多く、選挙でも共産党が中々に強い。

京都は古来職人で栄えた町である。西陣織で名高い西陣は、町それ自体が職人町だし、仏教関係の仏具法衣を作るのも職人、日本画や書の、襖《ふすま》や屏風《びょうぶ》の表装となれば、これはもう京都が日本一の職人技だ。他にも色々ある。邦楽器の製造、特に雅楽関係のものの修理や、茶道にまつわる数寄屋大工なども京都が随一で、要するに、日本的な和の世界の製造販売は、京都が一手に引き受けているといえるほどである。

職人というのは、どこまで行っても下積みの仕事である。よく死ぬまで修業といわれるように、徹底して地味な仕事であり世界である。それゆえに、独特なプライドと依怙地《いこじ》さが共存する世界だ。

職人意識に徹することは、自らを労働者と認め、資本家の手足となって働くことを意味する。となれば、自然と左翼的な思考法に眼が向く。自分たちの生活を理解し、守ってくれるのは左翼革新系だとなれば、一票を投じるのも自然といえる。

京都で更に面白いのは、花街のおかあちゃんやお姐さんたちに、左翼贔屓《びいき》が多いことである。三味線の音とインターナショナルの歌声というのは、一見チグハグで、当節流行りのミスマッチの典型そのもののようであるが、よく考えてみれば、不思議でも何でもない。

観光化した近年は別として、彼女らの出身は決して上流階級ではない。当然、実家が職人や労働者という人も多かったろう。しかも、彼女らの仕事はサービス業で、どこまでもお金のある人に奉仕する職業である。となれば、彼女ら自身が筋金入りの労働者ということになる。

恐らく、保守政党の言っていることよりも、革新系や左翼政党の演説内容の方が、よりピンと来るのであろう。保守政党贔屓のお客さんにせっせと奉仕し、自分たちは革新系に一票を投じるという図式になるのだろう。

さて、ここからが花街の真骨頂。

京都では、例年、春秋に御所の一般公開が行われる。これは人気があって、見学するには、前もって予約の葉書を出して申し込まねばならない。

花街のおかあちゃんたちは、この見学申し込み葉書を、他人の名義を借りてでも、せっせと何枚も出す。何通も出すのは、お客さんも誘うためである。かって、天朝さまがお住い遊ばした御所は、何をおいても拝見に上がらねば気が済まないのである。それも、他人まで誘って。

左翼支持でありながら、天皇陛下萬歳とは、なんとも、京都人は錯綜した心理の持主であることか。

## ハイカラ神戸は意外や保守的

神戸の枕詞《まくらことば》とでも呼べそうな、古めかしい和製英語ハイカラとは、英語の丈の高い衿《えり》を表わすハイカラーから転じたものである。洋行が貴重だった明治のころ、西欧から帰って来た人が、当時あちらで流行していたハイカラーのシャツを着ていたのを見て、目新しさから、西洋風の新奇な物や人の代名詞のごとくになったものである。

だから、ハイカラ神戸というと、進取の気性に富み、旧《ふる》い事柄よりも、絶えず新しい状況に眼を向ける町という印象が強いが、これはハイカラという言葉の持つ語感から受ける、他所者の勝手な思い込みで、現実の神戸は、それとはかけ離れた、内向きの顔を持つ町である。

ハイカラというイメージを作るのは、眼に見え形となっているものに限られる。町のたたずまい、人の服装、売られている商品のディスプレイやセンス、そして、もうひとつ欠かすことの出来ない成分は、日本古来の風情を偲《しの》ばせる和の要素が少ないことである。

神戸はこの条件をすべて満たした、バタ臭く洒落た町である。ところが、そこに住む人間の思想はとなると、町の印象とは反対だ。

単刀直入にいえば、神戸人は保守的なのである。京都は勿論、大阪とも違った思考を持つ都市といえる。

三都の中で、最も革新的な町は、先にも述べた京都である。大阪はそれに次ぐ。表層的なものが持つイメージと実際は逆の現象なのだ。

これには歴史がないという事情が大きいと思われる。京都の歴史は磐石《ばんじやく》だし、大阪も、京都ほどに歴史的な遺物は残っていないにせよ、中世から続く町であることははっきりしている。つまり、両都は土台がしっかりしているから、表面的なことがどう変わろうと、本質に変化はないという自負めいたものが、土地の人々の奥深くに根付いているのだ。

前二者に比べて、歴史のない神戸には、自分という存在を自覚し確認するためのもの——今様に言い表わせばアイデンティティーが稀薄である。となれば、現在に近い過去でさえ、懸命に守り育てていかねばとする思考が生じる。保守の思想である。

こんな背景があるから、阪神・淡路大震災の後も、町の中心部は、いかにして元の通りに復原するかで腐心された。これが大阪ならば、丁度良い機会だから、と徹底的に再開発しただろうが、神戸ではそんな声はほとんど聞かれなかった。

## 京の縄張り意識

狭い町の中に、人間が千年以上も暮らしていると、生活の知恵として、他人の領域を侵さないとする、棲み分けの才覚めいたものが芽生えてくるらしい。

ここに興味深い例がある。

京は茶の湯の本場である。

三千家と称する表千家、裏千家、武者小路千家があり、夫々盛んであるが、これとは別に、藪内《やぶのうち》家というのがあり藪内流と呼ばれている。

千家は千利休を祖とするのに対し、藪内家は利休と同じ武野紹鷗《じょうおう》を師とする、その弟子の剣仲紹智を初代としているから、先祖が兄弟弟子ということになる。

本家のある位置から、三千家を上流《かみりゅう》、藪内流は下流《しもりゅう》と称され、藪内家は代々西本願寺の庇護を受けて来た。三千家と決定的に違うところは、武家茶といわれる、やや荒ぶった男性的な作法にある。

ものの本によると、いつのころまでか詳《つまび》らかではないが（恐らく明治時代末か大正時代まで）、この流派に棲み分けがあったらしい。三条から上《かみ》は表千家、下《しも》は藪内家、と暗黙の了解があったようだ。つまり、弟子入りする場合、三条通りから上に住む人は表を習い、下の人は藪内を習うというわけである。

となると、目下隆盛を誇る裏千家はどうなるのかとなるが、当時、裏は地方廻りと称されたとか。裏千家が今日の隆盛をみるのは、昭和も太平洋戦争後のことであるらしい。

## ◎無思想が思想の大阪人

戦前、東京の文芸界では、大阪系の作家は思想がないと揶揄《やゆ》された。川端康成でさえもである。

この場合の思想とは、一体何をさしているのかよく解らないが、作家と限らずとも、大阪人が政治向きのことに、とやかく声を荒げないのはたしかである。

幕末期、徳川政権や各地の大名に貸した巨額の金が、明治維新の政変で回収不能となり、その上、新発足の明治政府からは、強引に大枚の納金を申しつけられ、大阪人は心底、政府や政治といったものに不信感を抱いてしまった。権力組織が厭になったともいえる。

こんな過去があるせいか、大阪人には政治にからむ思想めいたものはあまりない。逆にいえば、政治色のある思想なんて、持っていても一銭の得にもならないばかりか、かえって邪魔になるとすら思っているフシがある。

けれども、個々の人生哲学めいたものや、商売上の主義主張の類《たぐい》は立派にある。ただし、商売をする上で、その種のものを表に出すと、とかく、相手の思考や意見と喰い違いが生じたりして、衝突しやすくなる。それは商いの面で損である。

商売と直接関わりのないことならば、自分の胸中深く仕舞い込んでおき、日ごろは、無思想振っておくのが無難である。

渡世におけるこんな姿勢が習い性となり、私生活にまで入り込んで、大阪人は無思想と映るようになったのではないだろうか。更に、一般に大阪的な愛想のよさよりも、むっつりして無愛想な人間の方が、外面的には思想があるように見えるのもこれまた事実だ。

つけ加えれば、学者や政治家ならいざ知らず、普通の人間に、現実生活の上で、目立った思想なんて不要である。そんなものを表面に押し立てて暮らしていれば、相手から煙たがられるのがおちだ。

商売人の世界では、理屈の多い人間は嫌われる。もちろん、商品に関する知識や、それを売るための方法論は歓迎されるが、大阪人はそれを才覚といって、理屈とは区別する。

益にもならない理屈や思想めいたものをこねまわすのは、大阪では最も役立たずの人間として軽蔑される。尤も、こうした発想や思考法があまりに裾野《すその》広く拡がり過ぎて、社会的な倫理観に乏しい風土を創り上げてしまったのも事実である。

そんな面で比べると、大阪人と信州人は好対照といえるのではないか。

## ヨシモト嫌いの京都人、神戸人

吉本新喜劇、タコ焼、駐車違反。マスコミが挙げる現代大阪の三大名物だそうな。何となくお手軽で安っぽく、些《いささ》か淋しい話だ。

後のふたつは別にして、関西、特に大阪はお笑いの本場だとされている。他方、シリアスな演劇などは極めて低調で、その種の演物《だしもの》を鑑賞する観客層自体が限りなく薄い。

理由《わけ》は、度々述べるように、大阪という町が出来上がって来る過程での、住民層の構成要素が大きく関わっているからだろう。

江戸時代を通じて、商都であった大阪を支えた市民層の大半は、零細商工業者とその使用人（庶民）であった。明治政府が出来て、中央集権化が一段と強まると、以前にも増して、大阪は空洞化し、富士山を低くしたような、底辺ばかりが拡がる階級構成となった。

庶民や大衆と呼ばれる市民層には、生活の潤《うるお》いとして、娯楽は必須であるけれど、反面、小難しい教養的なものはそれほど必要としない。つまり、学問や芸術を趣味とするところのディレッタンティズムは育ちにくい。

それとは別に、これも商都であることからの独特な気さくさも手伝って、肩肱《かたひじ》張らず滑稽《こっけい》であることが喜ばれた。自然、言葉のやりとりの中にも、滑稽味が幅を利かせるようになり、『面白いやつ』という人物像がプラス評価されるようになった。

因みに、江戸期の武家や公家の社会ではこうはいかない。不真面目とか軽卒とみられ、マイナス要因となる。

将軍や大名がいた土地では、遠廻しにせよ、権力者を皮肉り揶揄《やゆ》することが、大

笑いのメッカ『なんばグランド花月』

いに笑いに結びついたが、実質的にそんなものがない大阪では、この種のユーモアよりも、より単刀直入な、笑いのための笑い――可笑《おか》しみのある仕草や馬鹿咄《ばなし》風のものが歓迎された。観客が溜飲を下げるときの笑いの種類が、他の土地とは少し違ったのである。

こんな伝統が、現代大阪の笑いの風土を創り上げ、罪や他愛のない笑いが、テレビ時代にうまく乗ったというわけだ。そして、今やお笑いが、大阪の産業でもあるがごとく、勘違いする風潮までが現われる始末である。

だが、笑いだけの娯楽というものは、気持の上での潤いを与えることは出来ても、一般産業のように、不特定多数の人間に、経済的な面での潤いを与えることは出来ない。儲かるのは当事者だけなのだから。言い換えれば、生産性がないともいえ、笑いを産業になどという発想それ自体が間違っている。

そうはいっても、世間的なイメージとして、笑いが大阪のひとつの顔であることには変わりはない。

だが、ここで気になるのは、『お笑い』が葵《あおい》の御紋の印籠《いんろう》のごとく通用するのは大阪だけで、隣りの京都や神戸となると、少し様相が異なって来る。

京都人にヨシモト的な笑いについて、どう思うかと訊くと、「下品どすな」とか、「二十代までの人はとも角として、三十代、それも家庭人になったら、とたんに背を向けます」といった応えが戻って来る。

神戸人もしかりで、「まあ、どっちでもよろしいけど、品がないですなあ」とか、「たまにテレビで観ますけど、ちょっとでよろしいわ」と素っ気ない。

京都人によっては、はっきりと「背筋が寒うなりますわ」とさえ言う人がいる。

両者に共通しているのは、軽侮《けいぶ》や蔑視ととれる眼の色である。

これが、大阪の笑いそのものに対する反応なのか、笑いイコール大阪人とみての印象なのかは判然としないが、彼ら、特に中年以上の世代に、ヨシモト的なものに好感を持っていない人が多いのは確かなようだ。

# 九◎三都からのこぼれ話

## 京都はテーマパークの元祖

近ごろ盛況なのがテーマパークと称する大型遊園地である。中でも有卦《うけ》に入っている観のあるのが、外資系の東京ディズニーランドやUSJだ。共にハリウッドの資本とノウハウで、テーマは彼らが作った映画の登場者や場面である。

当然、全体の造りは映画のセット風であり、書き割り風である。言い換えれば人工美の極致だ。

慥《たし》かに子供も大人も楽しかろう。けれども、それも一時のことで、一週間と通い続けることが出来るだろうか。子供ならばそれでも喜ぶかも知れないが、大人は、よほど頭の中が風変りでない限り飽きが来るだろう。案外、日本風にテーマのない、動物園と遊園地が合体した従来型のものに、かえって惹かれるように思える。

流行《はや》りのテーマパークと直に比べるわけにはいかないが、少し見方を変えて眺めると、京都は歴史と雅《みやび》をテーマにした、大人のための壮大なテーマパークと言える。もっとも、満艦飾の人工美が大好きで、歴史や風流に興味はないという人には無縁な話だが。

テーマパークとして京都を眺めると、その魅力には幾ら見ても尽きぬものがある。先ず、神社仏閣の数は膨大なもので、主だった所には、由緒謂《いわ》れとそれにまつわる歴史上の出来事があり、平安時代から近世までのことならば、大抵知ることが出来る。

食べ物でも、日本食の来歴に関するものは、その気にさえなれば、ほとんど口にすることが可能だし、古来からの風俗についても同様である。

建築や美術工芸に関係するものも、大体は一般公開されているから、積極的に探索すれば見るべきものはそこら中にある。

そして、一番肝心なことは、それらの全てが、観光用に急遽作られたものではなく、人間が生きる上で必要としたから作られた、レプリカではない真の本物であることだ。

京都がテーマパークであるためのもうひとつの強味は、四季、特に秋冬春の三季、自然に恵まれた景観が随所にあることだ。

秋は高雄を中心に周山街道や保津峡一帯の紅葉、冬は雪の金閣寺や銀閣寺、春は平安神宮や醍醐などの桜と、詩文に詠まれた名所だけでなく、緑の環境豊かな洛中の内外には、にわか作りでは到底不可能な、自然美が限りなく存在する。

大抵の人が京都を初体験するのは、遠足や修学旅行というケースが多いだろうが、それはそれで悪くはないとしても、京都とは本来、大人が訪ねてこそ本当の好さが分かる町である。

自分でこれはと思う、たとえば、庭園、古い建築、仏教美術、茶道、食べ物など、一日ひとつのテーマを決めて、ガイドブックに沿って回るだけでも、優に一週間以上の滞在は必要であるし、見尽すことは不可能でさえある。

それに比べると、今様のテーマパークで大人が一週間続けて通うとなると、考えただけでも疲れて来る。

京都とは大人のためのテーマパークの元祖であり、その魅力の奥深さと雅趣は、世界でも稀なほどの都市であるといえよう。

### 大阪支配の昆布

大阪、いや関西全体の料理の特徴はと問われると、よくいわれるように淡味《うすあじ》もあるけれど、そのことと併せて、忘れてならないのは、旨味重視の味付けである。

関西風味の顔のごとく喧伝《けんでん》される淡味も、単に塩分が少ないというだけでは、不味くて食べられたものではない。淡味仕上げを成功させるには、ベースとなる旨味がしっかり効いていてこそで、出汁《だし》は必要不可欠である。

出汁の素材となるのは、昆布、鰹節、炒《い》り子（だしじゃこ）、椎茸《しいたけ》胡麻《ごま》などである。中でも、大阪でよく使われるのは昆布だ。単独でも使われるし、他の材料と混ぜても使われる。

昆布食用の歴史はとてつもなく古く、記録によれば、天皇家では上代から食用にされたらしいが、広く普及し出したのは平安時代からだという。江戸時代には、出汁と食用両方になくてはならぬものとなったが、消費量では大阪と京都が群を抜いていた。

そして、既に江戸時代には、昆布の販売は大阪が一手に引き受けている、というほどに販路を押さえていて、今日もそれは変わっていない。出汁昆布で特に上質とされるのは、北海道の利尻のものだが、大半は、一旦大阪へやって来る。そして、ここで値段や等級分けがなされ、再び全国に出荷される。

昆布で面白いのは、産地の北海道では、出汁としてそれほど重視せず、意外と南の沖縄で多く消費することだ。しかも、大阪などでは、出汁を採った後の昆布は捨てるが、沖縄ではそれをも上手に食用に利用する。

出汁の文化はそのまま旨味の文化といえ、関西から以西は、比較的似た旨味が多いが、北の方、特に北海道方面では、どうも旨味をあまり重要視しないように思われる。一種の産地貧乏的な現象なのか。

昆布好きの大阪には、それを利用した酢昆布《すこんぶ》とか昆布飴《こんぶあめ》まであり、どうやらこれは特定の地域に片寄った食べ物らしく、北海道では、その存在すら知らない人が多いのは面白い。

## 神戸の百年椅子

住宅の洋風化が進み、どこの家にもソファーやダイニングテーブルがあるようになったのは戦後のことだろう。

これは案外知られていないことだが、日本国内で作られる西洋家具には、歴史的にふたつの大きな流れがある。

ひとつは神戸家具、もうひとつは横浜家具で、ルーツは何度か述べた、港町として開けた両者の航路との関係が深い。神戸はヨーロッパ航路、横浜はアメリカ航路で、そこからもたらされた文化が、家具にも大きな影響を与えている。

両方の歴史は明治時代からで、神戸家具の方は、フランスやイギリスの家具を手本にスタートし、ニス仕上げの色が黒味を帯びた茶色であるのに対し、横浜家具は、アーリーアメリカン調のデザインを基本にし、ニスの色は赤味を帯びた茶色に特徴がある。

デザインや色調は好きずきだが、和洋折衷の日本家屋には、神戸家具の方が合いやすいように思える。純然たる神戸家具や横浜家具を作る店はそれほど多くなく、現在では夫々数店あるのみであるが、一連の定番商品以外に、別誂《あつら》えの品も多く扱っている。

『百年椅子』(神戸元町・富屋)

その神戸家具に、百年椅子《いす》と称するイスがある。

総て木で作られたがっちりしたもので、名前の由来は、百年前のデザインそのままで、百年はもつという頑丈さの意味を兼ねたものからだ。

値段は木製椅子としては、それほど安くはないが、実用によし、インテリアによしで、一脚あると結構楽しめ、重宝しそうな品だ。

昨今は、家具でさえ使い捨ての時代だが、神戸家具や横浜家具は、そんな精神では作られていない。神戸家具の場合、親子三代に亘って愛用する家も珍しくなくて、買った店が修理の面倒をみてくれるから、量販店やスーパーのチラシにある太鼓張りの家具とは、根本的に異質なものである。

が、ハイカラ神戸を背負った独特な製品であるのには間違いない。

## 京童

京童《きょうわらべ》と読む。

「口さがない京童にいわせると、観光客の行かない所にこそ、真の京都があるという」といった風な使い方をする。

京童の歴史は古く、遠く平安朝の末期ごろから登場し、反権力、反体制的な行動をとった京都人をさし、その精神は自由人らしく、折々に応じて、適切な警句や秀句を述べたが、ほとんどが匿名の落首という手段で発表したから、特定の人物をさすものではない。

けれども、その批評批判の精神は鋭く、江戸の、痛烈な皮肉に満ちた古川柳にも通じる、的を射た的確な風刺は、大衆から大いに喝采を受け、『太平記』にも度々登場する。

下がって江戸時代に入ると、町衆と呼ばれる知的な有力町人層が、この精神を受け継いだ。民主主義という発想がない当時、権力者や為政者は、己の命令や意見めいたものを、一方的に高札という触《ふ》れで発表したが、京童は落首や捨て文風の手段で対抗した。今日でいえば、ジャーナリズム的精神や市民オンブズマンにも通じるものである。

京童の心は現代にも脈々と受け継がれていて、市当局が事業として、何か市民の意向に沿わぬことを始めようとすると、たちまちにして痛烈な批判が噴き出る。一種のバランス感覚である。だから、京童とは天秤《てんびん》の重りのようなものということも出来る。

京の町が、千年以上にも亘り、微妙に変化しながらも、極端に趨《はし》らず、大きく変わりもせずに続いて来たのも、京童の魂があったればこそなのだろう。

## 大阪の軽工業

大阪は、かねがね経済的な趣旨から地盤沈下が叫ばれているが、本来の意味での地盤も脆《もろ》い土地である。なにせ、市域の多く（特に西部）が、秀吉以来の埋め立て造成で出来た町だから、地盤自体が低く脆弱《ぜいじゃく》なのは避けがたい事実である。

そうした地質的な条件から、大阪はかって水都と呼ばれたにもかかわらず、工業用水向けの地下水にはあまり恵まれていない。となると、ふんだんに工業用水を使う重工業が発達しにくかった。

これとは別に、京都の家内工業ほどではないにせよ、大阪の産業というのは軽工業が多い。明治以来、力を持っていたのは繊維産業であり、以降も、弱電、製薬、金融、商社といった具合に、国策にのっとった重工業的なものはあまり存在しなかった。

重工業なる産業は、工場自体は地方に設けられていても、本社機能はほとんど東京である。戦前から日本では、軍需との関係で、重工業界の発言力が強く、それが今も伝統として生きていて、経済界の発言力、イコール重工業界の意見という図式がある。

極端に中央集権化した現在、政界に対する経済界の発言のほとんどは、東京で行われるが、重工業界がリードするとなると、大阪は自動的に不利となるケースが多くなる。

しかも、大阪の経済界自体が、地元で踏ん張ろうとせず、中央の方が有利とばかり、本社機能を東京へ移す。そして、いよいよ大阪の発言力は弱くなる。

圧倒的に中小企業が多く、しかも軽工業が主体となると、不況というのは、いまや大阪の名物現象とさえ思われて来る。

こうなれば、いっそ『不況』を商売のタネにしようとばかり、悪い知恵を働かせ、詐欺商法を始める輩が次々に現われる始末だ。

困った大阪現象である。

## 京のベンチャー・ビジネス

ベンチャーとは危険という意味だ。それから転じて、ベンチャー・ビジネスとは、高学歴の専門家や技術者たちが大企業を飛び出して、数人で新しい技術を開発したり、最新の情報処理を行うべく興した企業をさすようになった。それには多分に失敗の危険が伴うので、こんな風に呼ばれるのである。

一種の造語であるが、直訳的な意味でとらえると、危険性に満ち、イチかバチかの博戯性に富んだ企業ともいえ、冒険精神は認められるものの、決して安定感のある事業とは言い難い。

ところがどういうわけか、近ごろはこのベンチャー・ビジネスなる言葉の意味が、えらく広義に解釈されて、高学歴や専門的知識とは縁のない人でも、新規に事業を興す場合、いとも気安くベンチャー・ビジネスと呼ぶようになった。恐らくベンチャーの言葉や意味の由来を知らない人が、格好をつけるだけのために、借用しているのであろう。

京都には、本来の意味と広義の両方を含め、ベンチャー・ビジネスが多く、それなりに成功しているケースが多い。

伝統を誇る観光都市と新興の企業というのは、左翼好きと並んで何となくチグハグで、不似合いな感じがするが、それなりの理由がある。

京都は何百年と続く職人の町である。それも、人間の手で持てる範囲の大きさの物を作るのに、秀れた技量を発揮する町である。

作る物が比較的小さいとなると、職人の技も精緻になる。代表的な例が伝統工芸品で、磨かれた技は芸術の域にも達し、職人技が芸術家にまで昇華する。

京都の職人技は正にフランス語でいうアルチザンで、互いの技を競い合い、余人の追随を許さぬほど高度な技量に達し、古くから京物といえば、即高級品をさすほどになっていた。

アルチザンの世界は、主に徒弟制度で修業する。そして、一人前の職人になると、そこから先は自分との戦いで、他人よりも一層質の優れたものをと心がけ、技を磨いて行く。

他面、アルチザン的な気質というのは、「自分でやる」「自分がやらねば」という思いが強くなるもので、腕に自信がつくと、他人の指図を受けずに、自分の考え通りの仕事をしたくなる。必然として、独立の精神が鍛えられ、他人より良い物、余人の真似の出来ぬ物を作ろうとする気構えに結びつく。

こんな次第だから、京都には、ベンチャー・ビジネスという言葉が登場する遥か以前から、同質の個人企業が数多く存在したのである。

そして、アルチザン的な精神は脈々と現代に受け継がれ、加えて、戦後は地元大学の学究の知恵が企業と結合し、産学協同体の型で、新しい製品を開発する指向が芽生え、数々の成功例が生まれた。

京都はベンチャー・ビジネスが盛んだといわれるが、現象の裏には、「自分でやる」「自分がやらねば」という、独立独歩、アルチザンの伝統が下地にあることを無視出来ない。

## 京都は分業の草分け地

近代工業の特徴のひとつは分業体制である。代表的な例が自動車産業で、多くの下請けメーカーや系列会社から納められた細かな部品を、最終段階で当の自動車メーカーが組み上げて製品化する。

京都では中世に近い時代から、この分業体制がとられて来た。合理化されていたともいえる。

京扇子、京仏壇、西陣織、どれも代表的な京都の伝統工芸品だが、一箇所で一貫生産している物は全くない。総てが分業である。製造工程のひとつひとつが独立していて、夫々の工程ごとに専門の職人がいて、各自が一家を構えている。

分業は、管理体制さえしっかりしていれば、質の良い物を数多く作れるし、各々の工程ごとに何人もの人が従事するから、多くの人間を養うことが可能で、効率的でもある。

分業の総指揮——プロデューサー的な役割を担うのは、最終的に商品として売り捌く商人である。商人は品質管理から在庫調整、個々の職人の能力や生活状況まで監督采配した。

現在の京都にも、伝統に従って分業で作られる製品が数限りなくあり、あの狭い町に多くの人口が集中し、不都合なく暮らし得ているのも、このシステムが早くから定着していたからである。

京都に比べると、大阪は対照的で、製造工程や方式に関係なく、出来上がった製品を全国から広く集め、それを、改めて諸国に売り捌《さば》くという、販路を握った流通業の元祖のような存在であった。

けれども、これも戦後数十年間ぐらいまでの話で、近年は流通革命が起こり、更に、問屋的存在自体の意義さえ疑問視され出し、大阪的な商いのありようそのものが問われ出している。地盤沈下の原因のひとつが、このあたりにもあると思われるのだが。

# エピローグを兼ねてのあとがき

これまで、色々な角度から、京都人、大阪人、神戸人について論じて来ましたが、京阪神でも特に人口が多い、阪神間の人間の正体については、具体的に解明せぬままでした。

しかし、独断と偏見まじりにせよ、このあたりで、その点に触れておかねば、点睛《てんせい》を欠くきらいなきにしもあらず、の観がしますので、わたしなりに、阪神間の人間とは何者かを考察してみます。

阪神間の住人とは、適切なたとえではありませんが、『ジキル博士とハイド氏』のような存在で、社会人として働いている昼間は、すっかり大阪人であり、仕事を離れ、自宅に帰ってからは、言い代えれば、私生活の時間帯になると、ほぼ完全な神戸人になるという、器用な二面性を持った人種なのです。

電車通勤している人なら、西の阪神間から、阪急、阪神、JRなどの電車で、東方向にある大阪市内のターミナル駅に着いたとたん、「さあ、しっかり稼いで儲けまっせ」とばかり、気質が大阪人に豹変してしまうのです。

ですから、ちょっと敏感な東京人などが、同じ人物の昼と夜の風貌《かお》を、併せて見る機会があるとすれば、恐らく「これが同一人物か」と面食らってしまうかも知れません。けれども、同じ阪神間の人間同士ならば、それが当然のことであるだけに、お互い何も感じず、反対に、当の人間が、夜も大阪人であったり、昼間も神戸人であったりすると、「ちょっと変わった人」と思われてしまうかも知れません。

要するに、阪神間の住人とは、カメレオン的なのでしょう。

本書を執筆するにあたっては、これまでお付き合いのあった友人知己の、貴重な意見や知識を参考にさせていただきました。ひとりひとりお名前をあげると相当な人数になってしまいますので、紙上を借りて皆様にお礼申し上げます。

上梓《じょうし》するに際して、企画段階では、ＰＨＰ研究所第二出版局長の小林成彦氏に、取材や編集作業では、同所文庫出版部の根本騎兄《きよし》氏と許斐《このみ》健太氏のお手を大いに煩《わずら》わせました。併せてお礼申し上げます。

二〇〇三年一月

丹波　元

本書は、書き下ろし作品です。

著者紹介
**丹波　元**（たんば　はじめ）
1942年、大阪生まれ。放送作家として約25年間、膨大な数の構成番組を手がける。94年、「死出の鐔」で第6回自由都市文学賞（堺市主催）を受賞。以来、本格的に小説を執筆。
著書に『芹澤鴨・死出の鐔』『風聞』『お上にたてつき候』、共著に『大阪人と日本人』などがある。

PHP文庫　こんなに違う
京都人と大阪人と神戸人

2003年3月17日　第1版第1刷
2023年1月12日　第1版第16刷

著者　丹波　元
発行者　永田貴之
発行所　株式会社PHP研究所
東京本部　〒135-8137 江東区豊洲5-6-52
ビジネス・教養出版部　☎03-3520-9617（編集）
普及部　☎03-3520-9630（販売）
京都本部　〒601-8411 京都市南区西九条北ノ内町11
PHP INTERFACE　https://www.php.co.jp/
制作協力
組版　株式会社PHPエディターズ・グループ
印刷所
製本所　凸版印刷株式会社


ISBN4-569-57915-9

PHP文庫

# 「日帰り登山」を楽しむ本

地図の読み方から、疲れない山歩きのテクニックまで

今泉忠明 著

荷物が少なく週末の余暇にピッタリの「日帰り登山」。本書は、中高年でも気軽に楽しめる〝低山〟を中心に山歩きの醍醐味をレクチャー！

PHP文庫

# 夫の点数・妻の点数

いい夫婦になる91の知恵

川北義則 著

「他愛のない会話」も「いつもと同じ風景」も、パートナーがいればこそ味わい深い。いい夫婦になる91の知恵を、人生の先達が語る。

PHP文庫

# 全国鉄道なるほど事情

川島令三 著

ところ変われば電車も変わる！――「関東vs関西」電車対決、鉄道車両の〝意外な常識〟など、通勤・通学が楽しくなる面白ネタが満載！

PHP文庫

滑稽・人情・艶笑・怪談……

# 古典落語100席

立川志の輔 選・監修／PHP研究所 編

夫婦愛、親子愛、隣近所の心のふれ合い。人気落語家の立川志の輔が庶民が織りなす笑いのドラマ100を厳選。古典落語入門の決定版。

PHP文庫

# ちょっとした勉強のコツ

外山滋比古 著

集中して取り組む、自分をおだてる、反復する、時間を区切る……。毎日の生活の中で、勉強する仕組みを作るためのちょっとした工夫。

PHP文庫

知ってビックリ!

# 「関東」と「関西」こんなに違う事典

日本博学倶楽部 著

こだわりの食文化から、習慣・暮らしの違い、言葉にみる気質の比較、データが語る驚きの事実まで、関東と関西の違いを徹底解剖。

PHP文庫

# 白《さ》湯《ゆ》毒出し健康法

体温を上げる魔法の飲みもの

蓮村　誠　著

1日3回、10分沸騰させたお湯（＝白湯）を飲むだけでカラダが甦る！　正しい白湯の作り方から飲み方・効用まで、医学博士が徹底紹介。

PHP文庫

# 老後は銀座で

山﨑武也 著

「老後は、都会の喧噪を逃れて田舎暮らし」は老い方の理想なのか？　都会で老いていくメリットと、生活の楽しみを提案する新・老後論。

PHP文庫

# 新ネタ満載 雑学新聞

読売新聞大阪本社 著

カダフィ大佐は、なぜ大佐？ 消しゴムは何年使える？——国際面・経済面から社会面まで、素朴な疑問にすべて答える雑学本の決定版！